濟陽高穗◎著

歐凱寧◎譯

日本外科名醫的飲食合併療法

這樣做，讓癌症消失

【推薦序】

一堂淺顯易懂的癌症食療教育課

王康裕

根據最近國內某知名健康雜誌的報導指出：高達四成的癌症病患，死因是營養不良，而非癌症！但如果吃得下，食物能完全消化吸收，是什麼原因讓病人營養不良？

每當癌患進行手術、化療或放療後，醫療人員總是建議病人要多補充蛋白質類食物，該雜誌也引用國內癌症治療醫院營養主任的建議，指出要多吃肉、蛋、牛奶等，以補充比平常高二○％的熱量。台灣的癌症病人絕大多數都會聽從主治醫師及營養師的叮嚀，但在沒有食慾的情況下，這如何能做到!?到最後，被宣布來日不多時，被宣布的原因往往不是因為癌症，而是營養不良。

當我接到如何出版社有關這本書的訊息，我的第六感告訴我，這一定是值得推廣的好書。今年五月到日本時，迫不及待到書局，在書店最醒目的地方，看到擺滿這本濟陽高穗醫師的《這樣做，讓癌症消失》，我隨手翻閱，大為感動！濟陽醫師用一位

正統外科醫師的角度，以滿懷歉意與失望的口吻（I am sorry and disappointed），大膽說出行醫三十餘年來的遺憾和抱歉，並且坦承除了西醫傳統治療外，若加上正確的飲食療法，將大大提升癌患的生存率！他參考多位國際級自然療法大師的概念，如：

①葛森療法（Gerson therapy，葛森可謂癌症食療法最偉大的前輩）；②星野仁彥醫師的療法（曾罹患大腸癌、轉移肝癌，實踐葛森療法而痊癒的精神科醫師）；③松田麻美子所引薦的自然養生法（Natural Hygiene）：強調細胞內外的養分及廢物無法順暢的透過細胞膜進出，會引起毒血症；④西式甲田療法（生食、斷食、一日兩餐、晚餐結束到恢復飲食十八個小時）；⑤救命飲食：康乃爾大學醫師團指導，堪稱史上最完整的飲食與生活習慣病關聯的研究。

他以如此公正客觀的角度，並且實際追蹤統計患者的生存率，集結心得出書，讓人充滿信任與感動。濟陽醫師不排斥含優質蛋白質的蛋或奶品，但他強調質量並重，僅建議在治療前期約六個月之內低鹽並禁食豬肉或牛肉（紅肉）；另外有別於傳統的營養觀念，他著重在人體動能（ATP）的充分利用，而不一昧強調熱量攝取。我特別詢問日本友人這本書在日本的情況，他告訴我，濟陽醫師這本書在日本也掀起了一陣熱烈討論跟廣大的迴響，蟬聯數週的銷售冠軍。**他可說是史上第一位以食療法追蹤**

癌症病患的外科醫師，這不僅是給大眾上了一堂淺顯易懂的癌症教育，同時也好像是替官方的衛生單位，幫許多醫生上了一堂寶貴的癌症食療教育！因此在寫這篇序文時，我非常興奮。由於我本身就是身體力行自然法則養生法的受益者，所以特別期盼許多為疾病所苦的人能因這本好書的引導而受惠，也希望每個人都能以假設自己可能罹癌的心態，願意積極地用健康正確的飲食法來做日常照護保養。健康是幸福人生的基石，期待有更多人能和我一樣，過著充滿幸福感的生活！

（本作者為「無毒的家國際連鎖」首席食療顧問）

【推薦序】

不要讓病人失去活下去的勇氣

韓良誠

就現代醫學而言，癌症治療的主流與正規的科學方法，不外乎是「手術治療」「抗癌的化學治療」，以及「放射線療法」。此外也對於特殊的癌症施以「荷爾蒙藥物」與「提高免疫力藥物」。至於如何同時經由改善飲食而達到提高治療的效果，過去的一些零星的報告之外，**這本書算是由受過科學教育的正規醫師，以有別於市井的所謂「祖傳祕方」的方法，毫無保留的，以科學的推理和證據寫成**，提出了「治癒率提高」「可信性較高」「傷害性較少」，以及「花費較少」的輔助性飲食療法。

正如作者所言：「癌症這種東西，無論是悲觀地認為『蔓延到全身就無藥可救』，或是樂觀地認為『光動手術就會好』『光靠飲食療法就會好』，都是不正確的想法。」

在人生旅途中，「夢想」與「希望」常常是提升優質生活的催化劑，特別在健康方

面。「夢想」自己擁有超強的體魄，在得病時，「希望」早日康復，而最迫切「希望」的，無非是罹患癌症正在徬徨、無奈時，「希望」會有「奇蹟」出現在自己身上。這本書在這方面，提供給正在接受正規醫療中的癌症病人，或是一些被宣布即將進入，或已經進入「安寧醫療」的病人，另類「自助」時的參考。

在現今的社會，有很多人抱著不安的心態生活著，不僅是精神科病人，尤其是癌症病人，可以說有一百個病人，就會有一百種不安和煩惱，如何以「不讓病人失去活下去的勇氣」，以及在「不加害」「不欺騙」的前提之下，醫護人員和家屬，都應該幫助癌症病人擁抱「夢想」與「希望」度過病中的生活，即使在癌症末期也是如此。這也許正是這本書，可以提供的正面價值吧！基於這個想法，本人願意推薦這本書給被癌症折磨的病人和家屬做參考。

（本文作者為成大醫學院臨床醫學教授、韓內兒科診所負責人）

【推薦序】

與營養學理論契合，適合癌患的飲食合併療法

謝明哲

當接到出版社邀請我幫日本消化系外科名醫濟陽高穗的新書《這樣做，讓癌症消失》寫序時，我立刻想起「無毒的家」創辦人，同時也是北醫的傑出校友康裕兄，曾興奮地跟我提及，並極力推薦這本在日本當紅的好書。當我仔細翻閱後，終於明白王創辦人的興奮推薦與堅持是有道理的。

作者的見解非常客觀。當大家都在抨擊牛奶、蛋等食物對人體的傷害時，他以專業醫師身分，建議大家以質量並重的做法來攝取這類優質的蛋白質，並且以細胞能量利用的角度，來分析細胞的活動是靠能量（ＡＴＰ）的正常運作，而不是一昧強調熱量的補充。

濟陽醫師分析癌症的形成與以下原因有關：一、鹽分攝取過量（造成礦物質不平

衡）；二、檸檬酸循環障礙（熱量攝取固然重要，但ATP活化才是真正關鍵）；三、活性氧（自由基）過盛；四、動物性蛋白質及油脂攝取過多。他以癌症的起因作為思考出發點，因此建議癌患在治療期間直接從天然食物中攝取鹽分，飲食盡量不加鹽；至少半年不吃牛肉、豬肉等紅肉，改以蛋、牛奶或魚肉等作為優質的蛋白質來源；以胺基酸互補的概念，建議糙米或發芽米要與大豆一起煮食用，同時要多選擇芋頭、馬鈴薯、地瓜、山藥等高纖根莖類為主食；每餐生食與熟食各半，避免過多生冷食物，並且顧及到完全熟食不易攝取到某些營養素的缺點；此外，必須多飲用蔬果汁，以獲得足量的植物化合物，對抗自由基⋯⋯

作者建議避免過多鹽分的攝取；以高生物利用率的蛋、牛奶或魚肉等為優質蛋白質的來源，並且強調質量並重；豆類與穀類的胺基酸互補作用；蔬果汁的抗氧化以及注意農藥的殘留問題⋯⋯這些概念與做法，是癌患極為重要的飲食概念，同時也和營養學的理論相契合。

作者參考多位自然療法如葛森、星野仁彥、松田麻美子、甲田光雄⋯⋯諸多國際級大師的理念，非常有根據與邏輯性的提出癌患的飲食建議，並且實際運用在自己的患者身上，而都能得到顯著的好成效！

多年來，癌症在國人疾病死亡率中一直位居榜首，防癌飲食及癌症食療也一直是我多年來推廣營養教育工作的重點。**在食物不虞匱乏的台灣，我們更需要的是用智慧去選擇食物，用正確的方法來飲食**，因此欣見濟陽醫師這本新書的發行，相信您只要細心閱讀，必能從中獲得助益，期待本書能引導更多讀者，掌握健康的祕訣，提升自我防癌抗癌能力，活得健康又長壽！

（本文作者為台北醫學大學副校長）

【推薦序】
飲食合併治療，世紀之惡疾癌症將變得無足輕重

陳旺全

衛生署公布九十七年度台灣民眾十大死因，惡性腫瘤連續二十七年高居榜首（台北市連續三十六年居首），平均十三分三十秒有一人死於癌症，且奪去壯年人生命的殺手仍以惡性腫瘤為首。

癌可以說是現代人的最大夢魘，國內外醫學界均投入極大的心力研究，但由於環境的污染，生活習性的改變，我們很難完全避免癌的侵襲，甚至治療後還要擔心復發；目前所知，最有效的還是事先預防或是治療中搭配飲食方式的調整，設法調節人體免疫力，延長並提高生命品質。

西元前三百年希羅·費利斯（Hero Philies）說到：「當健康不在，智慧也不見了，藝術無法表達，體力無法使用，財富無用，理性也無力了。」美國總統尼克森

在一九七一年簽署「征服癌症法案」（Conquest of Cancer Act），開始了所謂的「癌症之戰」。這個戰爭至今還在進行，許多癌症研究機構，不惜代價花費為數可觀的美元，您也許會認為，花了那麼多錢我們應該有所收穫了吧！可是這個癌症之戰進行得不理想。我們沒有大舉殲滅敵人，而是敵人（癌症）對我們做大屠殺。

目前最流行的癌症治療法是手術、放射線療法、化學療法、分子標靶治療，每一種都具有侵略性，都有破壞性的副作用；每一種都只能治療病的症狀而已，而它們的成功率則令人徹底失望。沒錯，如果癌症發現得早，有很多人確實會符合「治癒」的條件，可是很多的情況下，癌症的早期發現並沒有改變死亡的日子，只是延長自己得癌症的時間而已。

日本消化外科名醫濟陽高穗先生，矢志拯救癌症患者，經考據檢證後，發展出有效治療癌症的「營養・代謝飲食法」，即使是復發轉移癌，仍有很高的療效！濟陽高穗醫師原先以癌症必須手術切除治療為首要目標，但他經歷三十多年外科生涯之後，因一份癌症患者追蹤調查報告，敲醒了他，也改變了他的信念。開始認真研究癌症的飲食療法，最後他發現「改變飲食，竟然可以抑制癌細胞」。

本人身為台北市立聯合醫院主任醫師，曾經擔任中國中醫臨床醫學會理事長、台

北市中醫師公會理事長，也對癌症做過許多相關的研究，但對濟陽高穗醫師能從臨床經驗中，以如何「利用飲食治療癌症」「人為什麼會罹患癌症」「消除體內癌細胞的飲食法」，做如此詳盡的說明與論述，更以「飲食合併療法治癒癌症患者現身說法」來佐證深感佩服。**本書真不愧是一本在癌症的預防與治療顯效的好書。**

防癌、抗癌之路雖漫長，但在濟陽高穗醫師所著《這樣做，讓癌症消失》這本書**問世之後，將會讓癌症病人走得更平坦而順暢，使此世紀之惡疾變得像過去其他惡病一樣無足輕重。**願此書帶給讀者最周延、最實用、最有效的防癌抗癌參考。

（本文作者為行政院衛生署中醫藥委員會委員·台北市中醫師公會名譽理事長）

[推薦序]

致力協助癌患者完成一份可以實現的希望

王正旭

到目前為止，累積所有臨床癌症醫學實證研究，除了少數的例外，絕大部分的晚期癌症病人，即使是最好的藥物治療，也難被治癒。相同的，實證研究也顯示，營養治療並無法治癒大部分晚期的癌症病人。

身為癌症科醫師，尤其是常常面對晚期癌症病人的腫瘤專科醫師，處在這種窘境和困境之下，在和病人及家屬同心協力抗癌過程中，最重要的是要協助他們完成一份可以實現的希望。

誠如濟陽高穗醫師在他的大作《這樣做，讓癌症消失》前言中所述，「治療癌症，是我人生的最大目標」，這是濟陽君懷抱著一份希望，願意和病人及家屬同心協力抗癌。然而，要進一步問的是：這是一份可以實現的希望嗎？

濟陽君在書中詳細的告訴讀者們，為什麼以他執刀數十年的權威癌症外科醫師，最後卻驀然驚覺癌症醫療需要合併療法，除了手術、抗藥劑、放射線三大現代醫學療法外，還要搭配改善營養狀態、調整新陳代謝、提高免疫力的飲食療法。濟陽君舉他診治過的個案為例，即使是晚期癌症病人甚至於已到癌症末期，仍然有機會經由他提供的營養配方，協助他們完成一份可以實現的希望。

濟陽君提供了消除體內癌細胞飲食法的基本方針，包括「鹽分限制」「限制動物性蛋白質與脂肪」，但是多吃冷水魚和一天一顆優質的雞蛋、大量攝取蔬果汁等八個項目，似乎和一般健康飲食多有偶合之處。但濟陽式飲食療法是否如書中見證的個案神奇有效，其實有待驗證。

在面對癌症威脅時，尋求一份可以實現的希望非常重要，更重要的是，癌症病人與家屬需要的不應該只是奇蹟，而是生命運轉軌跡的常態。所以應該有良好的研究來驗證「濟陽式飲食療法」成為癌症治療的常態，以嘉惠更多的晚期癌症病人。這其實也是癌症醫學界重要的研究課題。

根據衛生署國民健康局公布，二〇〇一年後台灣地區男性十大癌症五年存活率為四〇％，和英國的四三％相當，但遠低於美國、加拿大的六五％。至於女性十大癌症

五年存活率為六三％，已經和美國、加拿大的女性癌症存活率不相上下。男性常見癌症多和飲食生活習慣有關，若要提高治癒機會，除了定期篩檢早期診斷積極治療外，戒除不當的飲食生活習慣更是防癌的首要要務。

有感於濟陽君以權威癌症外科醫師身分撰文提醒，讓民眾了解癌症病人健康飲食的重要性，也承蒙出版社編輯邀請提供個人意見作為參考，因此不揣淺陋為文說明，同時也籲請國人，如濟陽君所言，**癌症的治療必須全方位，配合癌症專科醫師的建議，接受完整的治療，才能得到最好的效果**。若是癌病演變進入晚期，更應謹慎評估各種治療的優缺點，在完成一份可以實現的希望的前提下，維持美好的生活品質，和家人共處一段沒有遺憾的時光。

（本文作者為基隆長庚醫院癌症中心主任·血液腫瘤科主治醫師·中華民國癌症希望協會理事長）

[推薦序]
「手術成功才只是治療的開始」實在含義深遠

李秋涼

在很多人的眼中，我好像一個神仙，吃的是粗茶淡飯（健康飲食），每天雲遊四海（天南地北推廣自然飲食教育）。但，我不是神仙，我只是一個凡人，一個受天主眷顧，而且真切體悟到祂時時都陪伴在旁的癌末生存者。聖女小德蘭說過：「一個人必須經過地下的隧道以後，才會知道裡面的陰暗是多麼的黑。」近二十年來，患病及推廣飲食復古文化（新飲食革命），所帶來黑暗（困難）的經驗，反而更豐富了我的生命，不，應該說是豐富了我家人的生命，以及所有認識我的人。特別是我的先生，很會照料家人及自己的飲食，每天過著喜樂健康的生活，看起來越來越年輕，開車耐力不輸給專業司機，大家都不相信他已經是七十歲老人。

感恩如何出版社寄來濟陽高穗醫師的大著作，接連看了好幾次；更深層從科學、

醫學、營養學，以及作者個案臨床研究，確定又是再次印證新鮮蔬果含有促進新陳代謝的各種維生素、礦物質，以及現代營養學尚未重視的酵素，這些營養可以活化身體，發揮免疫力的強大功用，如再加上五穀雜糧、根莖類、海藻類、生鮮菇菌類，那麼作者認為就算是晚期或末期癌症也別輕言放棄。

再感恩作者年輕時就立志成為治療癌症的醫師，願大，力量就大，自然好因緣接連來，好恩師出名醫，教導名言：「**醫生不可自認為有能力治癒疾病，患者的身體要由患者自己來治，能夠激發自然治癒能力（人類與生俱來，可以治療疾病的能力）的醫師，才稱得上是名醫。不要傲慢的認為手術可以治病啊！**」因此作者更確定手術成功不是治療結束，而是治療的開始，更相信數千年前的祖先們吃的東西確能治療許多疾病，實在是含義深遠。所以我們不該抗拒自己體內的古人的體質，將古早的飲食方式做現代化的調整，過著健康的飲食生活。

最後感謝濟陽高穗醫師，對醫學界的貢獻、對癌症患者的疼惜、對健康飲食的肯定，書裡的每一句話、每一個見證、每一個研究，對我來說都是很寶貝的資訊，但願目前主婦聯盟消費合作社為我蓋好的教學廚房，視訊教學完備之時，期盼可以將我的健康飲食烹調內容，傳送給濟陽高穗醫師及他的病人分享，更期待將他及病人的飲食

（本文作者原為一名平凡護士，罹癌至今走過二十五年歲月，抗癌成功經歷促使他走上推廣自然飲食之路，堪稱國內首屈一指的健康飲食推手，並且是近二十年用不到健保卡看癌症及感冒等，幸福的癌症生存者）

感恩走過生命的幽谷，令我邁向健康飲食。

法整理成書，我們大家祈禱吧！

[推薦序]
食物是最好的藥物

王明勇

世界衛生組織統計指出，全球癌症病例從一九七五～二○○○年成長一倍，預估以此成長速度二○一○年癌症將成爲全世界死亡最主要原因，因此防癌抗癌已經是地球村每一份子的重要課題。

十幾年前日本將慢性疾病（包括癌症）定名爲「生活習慣病」，從最新癌症及十大死因排行榜來看，生活習慣及作息型態正是左右罹病人數多寡的重要原因。三年前曾經在日本一場研討會中得知大腸癌已經竄升爲日本女性癌症的第一位，日籍學者認爲其中原因與本書作者濟陽高穗醫師看法雷同，飲食西化及不良的生活習慣是主因。當時我就想台灣的狀況也很類似，結果今年三月衛生署公布的國人罹癌排名結果，大腸癌成爲癌症發生人數第一位，單一癌症人數中首度破萬人，也首度超越了肝癌。這

樣的結果我不覺得驚訝，只再次說明了飲食作息與健康的重要關係。

發展中國家癌症發生的情形是越來越嚴重，死亡率也是有增無減，台灣也不例外，雖然每年花費數百億元用於治療，但是結果顯示成效有限，反觀美國在一九七一年時就體認這個問題的嚴重性，尼克森總統發布「征服癌症法案」，集結政府及民間的大量經費和人材，投入預防、檢測、治療，歷經二十年後開花結果，癌症整體死亡率從一九九〇年開始下降，目前男性癌症死亡率已經減少一九％，女性癌症死亡率減少一一％，五年以上生存率超過六五％。反觀台灣目前五年以上生存率約五〇％，大概是美國三十八年前的水準。

濟陽醫師在行醫的過程中也體認到這些問題，降低癌症死亡率最快速、有效的方法就是改善治療方法，除了近代西醫三大癌症療法之外，輔助「營養‧代謝飲食療法」，研究及臨床結果顯示大大提升了癌症病患的健康狀況，書中提到的飲食觀念很值得我們學習，不管生病與否。醫學之父曾說：「食物是最好的藥物」，在此書中再一次得到啓發。

非常高興能推薦《這樣做，讓癌症消失》這本書給大家，尤其是癌症病友們。因為自己在推廣有機生活、健康飲食教育這十餘年來面對很多癌症病友及家屬，深知他

們對於預後如何規畫飲食及生活作息的無助及內心的恐懼，相信此書可以給大家一個正確的方向。書中提及癌症飲食療法第一人，德國醫師葛森博士也是我個人非常推崇的「葛森療法」創始人，幾年前我還專程遠赴德國「葛森・布魯士自然療法中心」，學習癌症飲食療法、斷食療法、咖啡灌腸等自然療法來幫助病友們。因為我相信，**癌症的治療是整體的不是某一種方法、某一種藥物、某一種營養而已**，就如同書中所述：「手術成功不是治療的結束，而是治療的開始。」濟陽醫師以親身經驗及專業醫學研究、務實的臨床追蹤來證明食物與癌症的重要關係，相信完善的醫療、均衡的營養補充、徹底的代謝排毒、強化自我免疫功能，一定可以大幅提升癌症治癒率。**未病的人養成正確飲食觀念才可以避免疾病上身，擁有一個健康的人生。**

（本文作者為生機食療家・新竹市文化局生機飲食講師）

【推薦序】

蛋白質易致癌，但品質好、吃對方法是極佳的營養源

陳俊旭

這是一本難得的書。濟陽高穗是一位執刀三十年的消化外科醫師，從制式化的手術、放療、化療等西醫抗癌療法當中，他逐漸認清，即使手術成功，依然有四八％的病患會在五年內復發身亡，但是，如果加上飲食療法，卻可以大幅提升癌症的存活率。

這本書的珍貴之處，在於這是一本臨床西醫所寫的飲食治病書。醫學院的飲食營養教育是非常貧乏的，臨床醫師更不曉得如何深入使用飲食來治病。**濟陽醫師是一位心地很好的醫師，為了病患，他願意拋下成見，用飲食調整，來提升癌症的改善率，高達六○～八○％。**

我非常認同書中所大力提倡的一些觀念，例如大量攝取蔬果榨汁、清蒸蔬菜、菇類、檸檬、海藻、啤酒酵母、蜂蜜、薑，使用糙米或發芽米代替白米，以及重視維生素的重要……等等。我也認同，目前臨床抗癌醫師所使用的化療、放療劑量太高，若能減量，搭配飲食與營養，將會達到更好的療效。濟陽醫師允許病患吃蛋，強調品質要好，限制一天一顆，但並未談到烹飪溫度，如果使用低溫蒸煮，避免高溫煎炒，或許限制可以放寬。

在這多元發展的社會，不可能每一位專家的看法都一樣。以我的所學與經驗，我想提出一些淺見，希望可以使飲食抗癌的方法更加精確。首先，是本書嚴禁動物性蛋白質的攝取，也要求盡量抑制所有脂肪的攝取量，書中也提到「如果攝取過多的動物性脂肪，增加了氧化 LDL」「每天吃牛肉的人容易罹患大腸癌」，也引證《救命飲食》的結論多吃肉食對身體有害。

但是，卻未提及烹飪溫度。試問清蒸鱈魚與燒烤鱈魚對健康的影響有差嗎？當然有，但是目前科學界大部分的研究，只做到動物性蛋白質與脂肪對健康的影響，卻未區分肉類的烹飪溫度與品質。我認為，吃過多動物性油脂會增加氧化 LDL 是因為高溫烹調，每天吃燒烤牛排不吃蔬果當然容易致癌，如果慎選肉類，加上烹調方法從

煎、炒、炸，改成蒸、煮，結果會不會不同？這是未來研究要更細心鑽研的地方。

肉類隱藏的問題，除了烹飪溫度之外，還有藥殘與污染的有機肉類，採用低溫烹調，對癌症會不會有幫助呢？蛋白質攝取的多寡，是當今癌症飲食療法最大的爭議。尤其是放化療時，癌友體質非常虛弱，白血球大幅衰減，必須補充足夠的優質蛋白質，但若補充到劣質蛋白質，反而助長癌細胞。

此外，對蛋白質與脂肪的需求量與攝取比例，每個人有先天的差異。對於第二型代謝型態的人來說，突然驟減，恐會引起後遺症，但對於第一型的癌友來說，卻是甘之如飴的飲食轉變，癌症會及早康復；所以還是有個體差異。臺灣人屬於第二型的，比日本人多，所以要多加注意，有關進一步代謝型態與食物比例在我的著作中有詳述。

另外，濟陽醫師選擇乳製品，而捨棄好肉，也和我的看法有些不同，在所有的動物性蛋白質當中，我的優先順序是魚→蛋→羊→雞→牛→豬→鴨→優格→羊乳→牛乳，但先決條件一定要乾淨，而且不會過敏。

早餐到底要不要吃呢？我認為要吃，而且早餐是一天中最重要的，因為如果不吃宵夜，正常人早上是會餓的。但如果因為常吃宵夜或晚餐吃太晚，就會導致早餐沒食

慾，這並不是很自然的進食方式，我不鼓勵。

其實，當我細讀完此書，我發現濟陽醫師心腸很軟，很多限制其實還是有彈性的。所謂的無鹽，其實是低鈉高鉀。嚴禁動物性蛋白質，但還是允許魚類、蝦蟹、雞肉，也還是有豆類蛋白質。雖然禁止油脂，但也允許橄欖油與亞麻仁油。

總之，我贊成作者所說攝取過多（劣質）蛋白質容易引發癌症，但不能因此而完全禁止蛋白質攝取。而且，這本書也透露出抗癌與抗老化的祕訣，其實在於抗氧化劑，這是全世界都認同多吃蔬果可以抗癌防癌的最主要因素。希望讀者能從中受益，獲得健康。汗顏表達己見，若有不安之處，敬請指正。

（本文作者為自然醫學博士，著有暢銷書《吃錯了，當然會生病！》）

【前言】

治療癌症，是我人生的最大目標

我年輕時就立志成為治療癌症的醫師，並且義無反顧選擇了「消化系外科」這條路。原因是，有三分之一的日本人死於「癌症」，而所有的疾病中，又有一半的病症發生在消化器官，其中癌症尤其如此。

當時的觀念認為，癌症必須動手術切除治療，消化系外科因而成為治療癌症的首要科別，也促使我投身其中。

在擔任消化系外科醫師數十年的過程中，我進行了無數次手術。西元兩千年，剛好我執業滿三十年，執刀的手術已經累積高達四千台，其中有一半是消化器官相關癌症的手術。

當時我深信，自己必須不斷提升開刀的技術，精確地切除更多癌症患者的病灶。

這就是我對自己的人生目標——治療癌症，所能做的最大貢獻。

不過，之後我開始對這樣的想法產生了疑問，我開始質疑：只仰賴現代醫學治療癌症的三大療法：手術、抗癌劑、放射線治療，在效能上是不是已經走到了極限？

我一直懷抱著這樣的疑慮，直到一份二〇〇二年進行的癌症患者追蹤調查報告敲醒了我，也改變了我的信念。

驅策自己，再怎樣都要提升癌症治癒率

對於手術後的患者進行追蹤調查，是外科醫師客觀了解個人手術成果的重要指標，所以二〇〇二年，我調查了自己和後進醫師執刀的一四〇六個消化器官癌病例。

報告結果顯示，患者的五年生存率，就是接受手術之後五年依然生存的比例，只有五二％。也就是說，即使手術成功，依然有四八％的人在五年之內復發身亡。這個結果使我驚愕而心痛。

一般來說，癌症治癒率是以五年生存率作基準，這個比率大約都只有五成，也就是即使動了手術，一半的人仍然過世了。既然這樣，到底為什麼要動手術呢？從此我不斷驅策自己，一定要設法提升治癒率。

可是，該怎麼做才好呢？一份從一九九四年開始備受關注的「癌症與飲食」的相關報告，抓住了我的視線。

當時有些癌症患者，由於蔓延太快無法完整地進行手術，只能在部分癌細胞殘留體內的情況下回家休養，其中出現了少數「特殊病例」。這些特例患者明明體內留有癌細胞，但是之後的定期檢查結果卻顯示病況日益好轉，人看起來也更加健康了。影像診斷顯示癌細胞逐漸縮小，甚至也有完全消失的例子。

這些人的共通點，就是回家靜養之後，採用了「徹底的飲食療法」。雖然每個人的療法有些微差異，但是同樣都攝取了以蔬菜為主的蔬食，並且限制肉食、動物性脂肪和鹽分的攝取等等。

我看出這正是提升治癒率的重要方向，便開始認真地研究癌症的飲食療法（營養・代謝療法）。

我讀遍國內外相關文獻，效法這個領域的先進們的做法，漸進式的在癌症治療中納入飲食療法，實際經歷了各式各樣的病例，才確立了「對癌症有療效的飲食方針」。

自從開始進行飲食指導之後，我驚嘆連連的發現，「改變飲食，竟然可以抑制癌

細胞到這種程度」！至今，這樣的驚喜仍然不斷。

相關細節我會在第四章說明。癌症飲食療法的主要重點是：大量攝取蔬菜和水果，限制動物性油脂、蛋白質和鹽分的量，以及攝取未精製的穀物等。

目前我將這些研究成果，運用在希望接受飲食指導的患者身上。其中除了我專精的胃癌、大腸癌、肝癌等消化器官癌，還延伸到罹患乳癌、肺癌、攝護腺癌、惡性淋巴瘤等的患者。

這些人，有不少已經走遍了各大醫院尋求治療，卻都被告知已經錯過治療時機而徬徨不知所從；也有即將走進安寧病房（為了減輕癌症末期患者生理上的痛苦與心理不安，進行廣泛治療與看護的醫療場所）的癌症患者。

即使是這樣的末期癌症，經過精密的飲食指導和細心的治療，有六到七成都獲得了改善。飲食療法對乳癌和攝護腺癌的療效更是顯著，改善率可達到七至八成。

合併療法，才是最佳選擇

希望各位不要誤會，我並沒有否定手術、抗癌劑、放射線這三大現代醫學療法。

這是當人被診斷出罹患癌症之後，最先應該接受的初期治療。實際上，我現在仍在執

行這三大療法。此外，對於我所專精的消化器官癌以外的癌症，我也會與各科專門醫

師會診，並指導他們進行飲食療法。

我想告訴大家的是，忽略營養、新陳代謝（體內物質的變化和新舊交替）、免疫

力（對抗細菌和病毒等病原體，人體內自然的機制）等患者體內的條件，單單倚靠三

大療法的話，癌症的治癒率一定會碰到瓶頸。

最理想的就是採用合併療法。將三大醫學療法，配合上改善營養狀態、調整新陳

代謝、提高免疫力的飲食療法，治癒率一定能大幅提升。不僅如此，患者的QOL

（Quality of Life 生活品質）也會隨之提升。

在本書中，我將毫無保留的介紹自己的研究成果和治療經驗。期待能成為癌症患

者與家屬的參考資訊，並為往後的癌症治療指出一條路，多多少少幫上一點忙，那就

是我最大的榮幸。

二〇〇八年十月

濟陽高穗

CONTENTS

第一章

利用飲食治療癌症

第二章

人爲什麼會罹患癌症

CONTENTS

第四章

消除體內癌細胞的飲食法

抗癌劑投藥量需依白血球與淋巴球數量調整　110

手術成功不是治療結束，而是治療的開始　112

何謂癌症的營養‧代謝療法　114

就算是晚期和末期癌症也別輕言放棄　117

CONTENTS

第一章

利用飲食治療癌症

二十個轉移肝腫瘤，三個月內全都消失了

將飲食療法納入癌症治療，實際上能得到何種程度的效果呢？首先我就舉幾個令我印象深刻的例子，讓大家見識一下。

第一個例子是，直腸癌轉移到肝臟的六十三歲的 A 女士。

A 女士的原發病灶（第一個產生癌細胞的部位）位在直腸，也就是直腸癌，於二〇〇五年七月完成了切除手術。

但是，當時癌細胞已經擴散到肝臟，CT（電腦斷層攝影）檢查的結果顯示，肝臟內的轉移癌大大小小共有二十個。其中最大的腫瘤直徑有六公分。

像這種量多而且分散的癌症，無法進行肝臟的根除手術。所以我採用了「動脈內化學注射療法」。

也就是在肝臟動脈內注射抗癌劑的療法，簡稱肝動脈注射療法，實際做法會在肝臟動脈中置留導管（安置在血管內的細小管子），然後從這根管子，二十四小時對肝臟持續注射少量的抗癌劑的方法。

這種治療法是，利用把抗癌劑裝入一個小容器裡，並植入皮膚底下，這樣就不會因投予抗癌劑而對日常生活造成困擾。而且因為抗癌劑是直接注入肝臟，所以比起從靜脈以點滴注射這種要通過全身才能達到患部的一般投藥方式，藥量只需要四分之一左右，而且幾乎沒有副作用。

A女士就是用這種方法投入抗癌劑，同時並行飲食療法。半年以上的時間，完全斷絕動物性蛋白質和脂肪、盡可能地減少鹽分，並以蔬菜、水果、海藻等蔬食為主，主食則是糙米，採取了這樣的飲食療法（詳盡的說明，請參見第四章）。

這樣治療經過十週之後，再進行CT檢查，檢查結果讓我懷疑起自己的眼睛。因為從直腸轉移到肝臟的二十個大小腫瘤，全部都消失了（參見第42頁照片）。

同時肝癌的腫瘤標記也正常化了。所謂腫瘤標記，就是罹患癌症之後，血液中會增加在癌症診斷中足以作為罹病指標的物質。不同癌症各有代表性的腫瘤標記。A女士的情況，是顯示肝癌存在的兩項代表性腫瘤標記，都恢復正常了。這份檢查結果，代表著包含了CT等影像診斷看不到的腫瘤，所有的癌細胞已經全部消失了。

如前面所提到的一樣，肝動脈注射療法可以有效率地對病灶投入抗癌劑，是效果顯著的療法，但是光靠肝動脈注射療法而治癒的病例，實際上並不多。

肝癌全部消失的病例

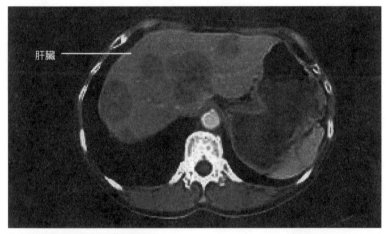

肝臟 ————

左上方肝臟內的黑影就是轉移病灶

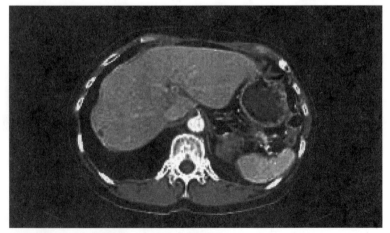

原本多達 20 個的轉移腫瘤，10 週之後全數消失

我曾經對八十個左右的病例進行過肝動脈注射療法，也在學會上發表結果。根據這項結果統計，顯示有改善的機率只有三〇％左右。暫時好轉的，也有多數患者無法阻止癌症惡化，最後引發黃膽（因為肝臟病變而使皮膚變黃的症狀）或肝衰竭而過世。

然而 A 女士只花了不到三個月，就消除了二十個癌症病灶。我認為這是投入抗癌劑之外，還加上以蔬食為主的飲食療法，調整了新陳代謝，提升了免疫力，才能發揮這樣的效果。

因癌症擴散幾乎癱瘓的脊椎重生，
雙腿麻痺也痊癒了

第二個例子是六十歲的女性 B 女士，胃癌切除手術後，經過十年，癌細胞轉移到脊椎骨。B 女士在五十歲時接受了胃癌手術，由於住在關西（編注：濟陽醫生任職的醫院位在俗稱關東的東京都，關西則泛指大阪、京都一帶），所以每個月要搭新幹線上醫院一趟。手術成功之後原本以為可以高枕無憂，沒想到過了十年，在二〇〇四

年底突然雙腿麻痺不良於行，便緊急用輪椅送進醫院。

經過 MRI（核磁共振攝影）檢查之後，發現是癌細胞轉移到第九、第十節胸椎（指接近胸部的脊椎骨），壓迫到脊髓（位於脊椎骨之中，由中樞神經和腦髓所構成的束狀器官）才導致雙腿麻痺。

脊椎骨後半部是中空管，裡面有名為脊髓的神經束。因此如果發生某種狀況，脊髓從後方受到壓迫，就會引起疼痛或麻痺。B 女士就是因為轉移到胸椎的癌細胞壓迫脊髓，才造成雙腿麻痺。

從脊椎的 MRI 磁振造影來看，癌症轉移腫瘤幾乎快要爆開，而壓迫到後方的脊髓（請參考第45頁左圖）。

因為腫瘤位於脊椎，所以無法像其他器官一樣以手術切除癌細胞。因此我對 B 女士進行放射線治療，同時注射能夠消除脊椎周邊腫脹，進而減緩脊髓壓迫的類固醇藥物（腎上腺皮質類固醇，Corticosteroid），並指導她改變飲食習慣。老實說，當時我只是無計可施，才只好採用飲食療法。

飲食指導的內容，是每天飲用兩百 CC 以無農藥有機蔬菜打成的蔬果汁，主食是糙米和蔬菜，並每天食用水果、豆腐、納豆、海帶、海藻、香菇等等。

因癌症擴散而幾乎癱瘓的脊椎，再度重生的病例

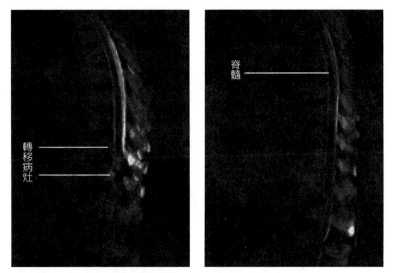

原本第九、第十節胸椎受到癌細胞壓迫而幾乎癱瘓（左圖），經過一年半後再次檢查，發現幾乎已經完全重生（右圖）。

B女士在住院期間一直維持這樣的飲食（醫院餐點不提供糙米，所以改用全麥麵包代替），結果不只雙腿不再麻痺，連體力也漸漸恢復了。治療兩個月之後，經檢查確認情況良好，便開始靠自己行走，進行復健（恢復身體機能的訓練）。

經過辛苦的復健之後，總算能夠走路了，所以住院三個月之後就回家休養，並且每個月到院複診兩次。

雖然精神恢復了一些，但是脊椎的轉移腫瘤依舊無法根治，只好放著不管，大家都認為再次麻痺只是時間的問題。不過讓人跌破眼鏡

的是，B女士出院之後走起路來越發有力，檢查結果也不斷轉好。

經過一年半之後，MRI檢查發現原本即將癱瘓的脊椎，已經幾乎重生為原本的健康狀態了（請參考第45頁右圖）。當時B女士的雙腿麻痺已經完全痊癒，可以抬頭挺胸大步行走了。

從以往的醫學常識來看，骨頭的轉移腫瘤要恢復到這樣的程度，幾乎是不可能的事情。然而「飲食」的力量，卻將不可能化為可能。

後面還會提到我從某位偉大的先進身上學習了癌症的飲食療法，他就是一百年前就已經開始注意癌症飲食療法的葛森（Max Gerson）博士。葛森博士在他的著作中，提到「我曾對因肉瘤而造成骨折，並在骨折部分打上鋼釘的患者採用飲食療法，結果組織恢復健康，骨骼的修復能力甚至可以將鋼釘擠出來，或是將鋼釘折彎」的病例。

當我在看這本書的時候曾經覺得「這未免也太誇張了」。但是從這個脊椎轉移的病例來看，如果患者也被打上鋼釘，我想鋼釘被擠出來一點也不奇怪。這個病例讓我重新了解到癌症飲食療法的威力與重要性。

棘手難治的惡化胰臟癌，腫瘤縮小成三分之一

第三位是七十歲的 C 女士。C 女士在二○○七年年底體重突然急遽降低，食慾不振，而且容易疲勞，經過診斷之後發現罹患了胰臟癌。

後來她又到大學附屬醫院進行詳細檢查，得知她的胰臟癌已經相當惡化，癌細胞甚至擴散到門靜脈（連接腸道和肝臟的血管）等主要血管上，所以大學附設醫院的診斷結果是「無法手術切除」。

這種情況下，她只能接受投予藥效較輕的抗癌劑，又因為其他什麼治療都不能做，就回家療養了。

胰臟癌在所有癌症之中算是比較難以早期發現的一種，所以發現時通常已經相當惡化了。這是因為胰臟癌缺乏自覺症狀，而且胰臟又位在身體深處，被胃、腸、肝臟等器官包圍，而這就是很難透過影像診斷來早期發現癌細胞的原因。

而且，胰臟的厚度只有薄薄的兩公分左右，又緊貼在胃、肝臟等其他消化器官上，所以癌細胞在初期階段就很容易擴散到其他器官去，不利條件相當多。正因為這

些理由，一般醫界認為胰臟癌是很難治療的。手術病例的五年生存率平均只有二〇%左右，而無法切除的病例中，五〇%會在一年內過世，八〇%會在兩年內死亡。

看看 C 女士的情況，癌細胞雖然沒有遠距離轉移，但是卻擴散到旁邊的淋巴結，並高度浸潤（infiltration，癌細胞蔓延擴散到正常組織中）到門靜脈，大學附設醫院的診斷評估是「無計可施」。為此她非常困擾，最後才在朋友的介紹下找上我。

刻不容緩，我立刻讓她開始飲食療法。指示的內容是，在半年內完全禁止鹽分、動物性油脂與蛋白質的攝取，大量攝取蔬菜、水果，並習慣攝取海藻、菇類、檸檬、優格等食物。

這套飲食療法持續了兩個月左右，腫瘤標記指數就減半了。

同時從超音波圖片來看，也確認腫瘤開始縮小了。從開始飲食療法為期半年的時間，腫瘤縮小成三分之一，腫瘤標記也幾乎正常化。

自覺症狀和腸胃蠕動都改善了，也恢復了食慾，身體變輕快，體重也增加了。

雖然還不能妄下定論，但已讓治療痊癒之路生出非常大的希望，目前患者本人仍積極進行飲食療法。

惡化的胰臟癌能夠有這樣的演變，是非常少見的事情，這又再次讓我了解到癌症

胰臟癌縮小成三分之一的病例

C 女士的腫瘤標記變化

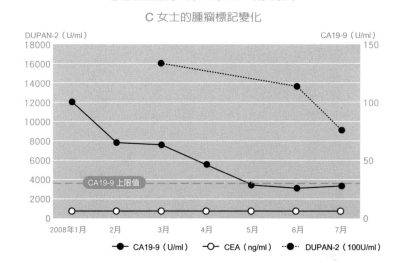

DUPAN-2（U/ml）　　　　　　　　　　　　　　　　CA19-9（U/ml）

CA19-9 上限值

2008年1月　2月　3月　4月　5月　6月　7月

━●━ CA19-9（U/ml）　─○─ CEA（ng/ml）　··●·· DUPAN-2（100U/ml）

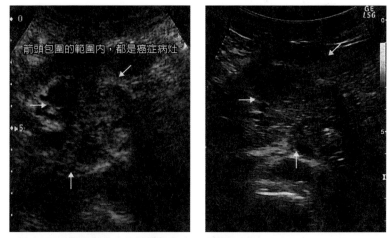

箭頭包圍的範圍內，都是癌症病灶

4月28日拍攝的C女士的胰臟超音波照片

腫瘤縮小至三分之一大小（7月23日）

飲食療法的力量。

此外，乳癌、攝護腺癌、大腸癌、惡性淋巴瘤等各種癌症，包含原發病灶和轉移病灶，都有因飲食療法而改善的例子。而且有很多病例，是只靠傳統三大療法恐怕很難改善的。所以藉由合併飲食療法，將能突破以往三大正規療法所無法突破的癌症治療障礙。

肝癌和肝硬化一起痊癒了

最近我碰上了一個肝癌改善，同時肝硬化（肝臟細胞壞死，造成整顆肝臟硬化的疾病）也痊癒的病例（請參見下頁圖表）。六十三歲的 D 先生，他的 C 型肝炎轉移為肝硬化，而且肝臟中還有兩處有惡性腫瘤。因此我對他進行肝動脈血管栓塞術（Transcatheter Arterial Embolization, TAE 即堵住對癌細胞供給氧氣的血管，讓癌細胞窒息的療法），同時並行飲食療法，結果腫瘤慢慢縮小，腫瘤標記也恢復到標準

肝腫瘤消失，肝硬化也痊癒的病例

← 癌症病灶

肝動脈阻塞，進行肝動脈栓塞術的肝動脈血管攝影圖

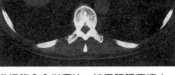

縮小的癌症病灶

進行飲食合併療法，結果肝腫瘤縮小，肝硬化也痊癒了

D 先生的腫瘤標記與肝功能指數的變化

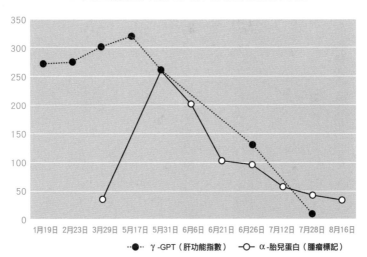

··●·· γ-GPT（肝功能指數）　—○— α-胎兒蛋白（腫瘤標記）

值內。原本在二○○八年五月時 γ─GPT（表示肝功能的數值之一）還高達三一八單位，兩個月後就降到四二單位（標準值為五○單位以下），肝硬化也痊癒了。

不能手術清除的肝癌患者竟奇蹟生還，
引起了我的注意

讓我把時間倒轉一下，當初我身為一個外科醫生，之所以會如此關注癌症飲食療法，並開始研究，關鍵就在於一九九四年我經手的某個病例。

E先生（男性，當時五十六歲）的肝癌惡化到無法進行手術的程度。即使進行手術，怎麼樣也有部分無法切除，只好留下許多腫瘤病灶就縫合了。

在手術之後，我對他進行了前面提到的「肝動脈注射療法」。畢竟腫瘤病灶留下不少，儘管我懷疑這樣做能有多少效果，但是也別無他法，只好放手試試看了。

結果果然效果不彰，幾乎不見有改善。之後在家屬強烈要求下，E先生就出院回家休養，只有定期到院複檢而已。

我當時判斷 E 先生的日子就剩幾個月而已。然而，事實卻證明我錯得離譜。

回家療養之後，E 先生在太太的堅持和細心照料下，開始進行徹底的飲食療法。

內容是一天吃十種蔬菜和水果，每天吃一次菇類、海帶等海藻類，還有納豆和蜂蜜等食物。

而在一年半之後的電腦斷層檢查中，發現原本沒有切除、殘留的癌症病灶，已經完全消失了。

持續一段時間之後，E 先生的體力經過數個月不但沒有衰退，反而越來越有精神。

E 先生現在仍健康強壯地定期到院檢查身體呢。

如今已經有不少藉由改變飲食習慣而獲得改善的病例。雖然尚未能完整的了解原理，但也不是完全沒有根據。當時的我，在為患者高興的同時，也體認到有醫學所無法理解的事。

其實就在不久之前，我才剛經歷了一個「特殊病例」呢。

F 先生就住在我家附近（當時五十三歲），他的右肺有一個直徑七公分的巨大肺腫瘤，並且已經浸潤到胸腔壁，不可能以手術根除了。所以他求診肺癌的專科醫師，接受抗癌劑治療，但是不見有縮小的效果，可以說是處於「束手無策」的狀態。

當時我想著，看看能否為他做些什麼，所以就參考從書上看到的甲田療法（詳情參見第61頁），尚在摸索的階段下建議他改善飲食看看。我建議他減少肉類和脂肪、控制鹽分，多吃糙米、地瓜、豆類、蔬菜、水果和海藻等等。

結果令人驚訝的是，一年之後腫瘤縮小了一半，兩年半之後病灶幾乎完全消失了。

從 X 光照片來看，肺臟留下了痙攣的殘影，但是腫瘤標記已經恢復正常。之後經過了十三年，他還是依然健康。

一般來說，無法進行手術的肺癌，生存率是非常低的。但是 F 先生卻健康地活了十幾年。

嚴苛的醫療現實，手術後五年內「約有一半患者死亡」

碰過了數個類似經驗之後，我心中開始懷疑，「或許這些病例，並不是『特例』

消化器官癌手術後的五年生存率

（2002 年，東京都立荏原醫院）

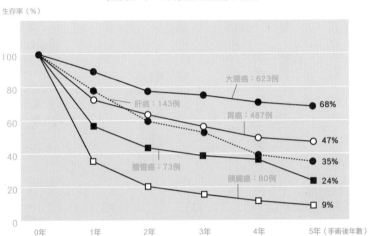

生存率（％）

大腸癌：623例 68%

肝癌：143例

胃癌：487例 47%

35%

膽管癌：73例

胰臟癌：80例 24%

9%

0年　1年　2年　3年　4年　5年（手術後年數）

也說不定。」

人類的身體，是由從嘴巴吃下的食物所構成的。無論正常細胞，癌細胞，還是排除癌細胞的免疫細胞都一樣。當我重新反省這一點，便開始思考「如果改變製造身體的基礎，也就是改變飲食的話，就會連帶使得癌症改善而痊癒，當然就沒有所謂『特例』了，不是嗎？」

在這樣的心情下加速了我完成「前言」中所提到的「手術後五年生存率」的調查結果。

當時我擔任東京都立荏原醫院的外科部長。二〇〇二年是我上任第八年，那時覺得正好藉此機會調查一下

自己和後進，在本院外科所進行的消化系外科手術成果，所以調查了五年生存率。

調查對象有大腸癌病例六二三人，胃癌病例四八七人，肝癌病例一四三三人，總計一四○六位曾經接受過消化系癌症手術的患者。這份調查只針對手術成功的病例，至少是成功切除肉眼可見的癌症病灶的病例，並不包含嚴重惡化到放棄切除，以及病灶無法廓清的病例。前頁的圖表即顯示患者第一年、第二年……一直到第五年為止的生存率。

從五年生存率來看，最高的大腸癌也只有六八％，其次是胃癌四七％，肝癌三五％。最低的是胰臟癌九％，雖然依癌症種類而有差距，但是平均生存率大約是五二％。

也就是說，幾乎有一半，高達四八％的患者即使接受手術成功廓清了，五年之內還是死亡了。調查中的所有患者，幾乎都在手術前後接受過抗癌劑、放射線治療。所以這份結果，實質上可以說是手術、抗癌劑（化學療法）、放射線等，施行這近代三大癌症療法的生存率。

這份調查結果，包含了各種不同惡化程度的病例。如果限定腫瘤較小，浸潤輕微的症狀做調查，或許生存率會更高吧。但是當前的現實是，惡化中才被發現的癌症占

多數，不能只用「早期發現有助於治療」來解釋帶過。既然我們的工作是治療患者，那麼即使面對惡化中的癌症，也應該去追求治癒率更高的療法，盡最大的努力，這才是醫生的義務。

看了調查報告之後，我有了這一番新的體認，於是開始努力收集有關癌症飲食療法的資訊。下面我將舉出幾項主要的內容。

一百年前，葛森博士已注意到癌症與飲食的關係

無論是日本還是歐美國家，一直到近年為止，正規癌症療法都不納入飲食療法。但是獨具慧眼的研究家，卻在數十年前就開始注意癌症飲食療法了。為首的第一人，就是出生於德國，「葛森療法」的創始人馬克斯葛森（Max Gerson, 1881~1959年）醫師。

葛森在距今大約一百年前，就已經注意到癌症與飲食的關係了。令他注意這件事

情的開端，源自於葛森本身是個「頭痛患者」。

某天，葛森發現自己長期以來相當困擾的偏頭痛，會隨著攝取肉類、脂肪、鹽分而惡化，並且注意到限制這些東西的攝取，多吃蔬菜水果則會減輕症狀。所以他從生理代謝正常化的觀點出發，向自己治療中的結核病患者推薦這樣的飲食療法。

當時人們已經發現了結核菌，但是尚未確立抗生素（從黴菌等菌類中所提煉出來的強效藥物）治療法，有八成結核患者都會死亡。如果惡化到某種程度以上，結核就無藥可救，這時候葛森靈機一動，想試試以從他自己身上所經驗到的飲食療法來治療結核病。

因此他指導患者要限制動物性蛋白質和油脂、鹽分，並攝取大量的蔬菜和水果，結果患者的免疫力果然如葛森預期般提升，結核症狀也改善了。結核病有很多種，其中葛森指出，皮膚結核是「可以用飲食療法快速治癒。」

後來葛森在大約五百位結核患者身上，試用了自己想出來的飲食療法。結果有九八％的患者痊癒了。對照當時結核患者高達五成以上的死亡率，這可說是非常驚人的數字。

這個時候葛森又注意到一件事情，那就是結核患者痊癒的同時，有併發癌症的

患者也把癌症治好了。從那時候起，葛森就開始指導癌症患者進行飲食療法，而在一九三〇年代確立了現在的葛森療法。

有關葛森療法的內容和病例，已經出版為《A Cancer therapy》（癌症飲食療法全集）一書，如今本書遍布世界各地，可說是癌症飲食療法的聖經。

葛森療法的重點，除了盡量避免鹽分和油脂類，嚴格限制肉食之外，還有大量攝取新鮮的蔬菜和水果。其中，一天要喝十三杯（總計兩公升）以蔬菜打成的蔬菜汁，這一點尤其重要。

酒、精製的砂糖和小麥、甚至連非食品的香菸等也要禁止。

我所確定的癌症飲食方針，大部分是參考葛森療法。不過葛森療法中限制糙米、乳製品、雞蛋、大豆製品等幾點，卻讓我感到疑惑。我想這應該是時代背景的問題，在我的癌症飲食療法中，這些食品反而能夠發揮作用，所以經過深思熟慮，我還是把它們納入食譜中。

親身試驗得出的合理療法「星野式葛森療法」

精神科星野仁彥醫師，開發出一種既能保有葛森療法的效果，同時在現代社會也能輕鬆執行的簡易版飲食療法——「星野式葛森療法」。星野醫師本身罹患了大腸癌，並且癌細胞轉移到肝臟的兩處，現代醫學判定五年生存率是○％。他為了尋找有效的療法，而發現了葛森療法。

由於原始的葛森療法是為了能夠住在醫院裡專心執行而設計，但是對於持續日常生活和工作的人，卻有難以執行的地方。於是星野醫師便以自己的身體做試驗，調整內容，創造出不會降低效果的「星野式葛森療法」。

主要的禁止項目，和大量攝取蔬菜水果這兩大方針，跟原本的葛森療法一樣，不過蔬菜汁的部分則改成「一天喝三次以上，一次喝四○○毫升」。至於比原本方法分量少了許多的蔬菜汁部分，則以維生素 C 劑等營養補充劑來補足。

而且他還以親身經歷提出了執行細節，像是胡蘿蔔汁加蘋果會比較好喝，使用口味接近可替代動物性蛋白質的植物性蛋白質（小麥蛋白質的麩質（Gluten），大豆蛋

白質等等）之類。

星野醫師靠著「星野式葛森療法」克服了自己的癌症，目前正在各地舉辦演說倡導理念，盡一己之力為需要的人提供癌症飲食療法的資訊。

我在調查癌症飲食療法的過程中，曾有幸與星野醫師見面。我們互相交換治癒病例的資訊，邊學習彼此的飲食療法邊交換意見，如今我們友誼深厚，還推出了共同論文。

我能夠完成期望中的癌症飲食方針，實用的星野式葛森療法確實給了我不少幫助。

已有五十年歷史，治癒癌症與疑難雜症的「甲田療法」

除了效法葛森療法之外，我還學習採納了，在日本進行飲食指導有大約五十年歷史的甲田光雄醫師（甲田醫院院長），所開發的「甲田療法」。

甲田醫師原本就體弱多病，受腸胃炎和肝炎等多種疾病纏身，當他還在就讀醫學院時，就因為發現自己所學的現代醫學無法治好自己的身體，而陷入極大的困境。

在那個時候他發現了「西式健康法」（由西勝造先生提出，搭配獨創的體操、斷食、生菜飲食療法而成的健康法），經過反覆斷食之後，終於克服了疾病。自從當上醫師之後，他依據本身的經驗，累積獨自的治療體驗，而確立了「甲田療法」（正式名稱為「西式甲田療法」）。除了各種癌症之外，還能改善、治癒潰瘍性大腸炎、脊髓性小腦萎縮症等疑難雜症。

甲田療法會配合患者的情況，適當地採取斷食、少食療法，以及糙米生菜餐。所謂糙米生菜餐，就像字面所說的一樣，糙米和蔬菜全都不加熱，直接生吃；其重點是主食採用生的糙米粉，配上大量的綠色蔬菜泥（將葉菜類以研缽磨碎，或放進打汁機絞打所做成的泥狀食物）、綠色蔬菜汁，還有根莖類的泥末。早餐不吃，午餐和晚餐吃糙米生菜餐。

甲田醫師一律不使用西藥，用這套療法治療了許多癌症和難以計數的疑難雜症患者。我也曾經有幸見上甲田醫師一面，請教許多有關飲食的問題。

在談話之中，我理解到飲食療法在科學上的意義，同時由衷佩服甲田醫師對於癌

症和疑難雜症的治療所付出的熱情與誠意。基於此我研擬的飲食療法，也深深受到甲田療法的影響。

葛森療法和甲田療法互有不同，不過以下的主要部分卻是相同的。

・禁止攝取動物性脂肪和蛋白質

・限制鹽分攝取（在甲田療法中，可以適量攝取天然鹽分【編注：如海鹽、和岩鹽】）

・攝取大量生菜（葛森療法是蔬菜汁，甲田療法是綠色蔬菜汁和蔬菜泥）

・攝取胚芽米等未精研之穀物（葛森療法是燕麥片和全麥麵粉、黑麥麵包，甲田療法是糙米）

這些共同點是否就是癌症飲食療法的重要因素呢？這個想法成為我的飲食療法極為重要的參考。

此外關於大豆，京都大學的家森幸男榮譽教授經過長年研究，發現「大豆異黃酮」對乳癌和攝護腺癌確實有療效。

此外，有關飲食療法，還有其他廣為人知且歷史悠久的方法。像是櫻澤如一先生，以及跟隨其腳步的久司道夫先生所提倡的糙米蔬菜餐的長壽健康飲食法（macrobiotics）；松田麻美子女士引薦至日本的自然養生法（Natural Hygiene，根據一八三〇年代美國所流行的自然主義運動而發明的，在中午之前只吃蔬菜水果的養生法）等等。

我就是從調查研究這三方法，加上透過一次次的演講闡明當中，獲得了以飲食合併療法來治療癌症的提示。

美國對癌症與飲食的關聯性進行了詳細的研究

日本從數十年前開始，癌症致死的粗估人數就不斷增加中，到了一九八一年，癌症已經成為死亡原因第一名，二〇〇七年更有大約三十三萬六千人死於癌症。相對地，美國則是從一九九〇年代前半開始，癌症的死亡率正持續減少中。

為什麼美國的癌症死亡比例減少了呢？

這個原因，要追溯到一九六九年。當年美國發表了一份叫做「麥高文報告」的調查報告，這份報告在一九七七年又有了更詳盡的版本。

當時美國的心臟病、癌症、腦梗塞（大腦血管堵塞所引起的疾病）、糖尿病等疾病不斷增加，醫療支出已壓迫到國家財政。美國為了解決這個問題，而設立了「國民營養問題特別委員會」，由參議院議員喬治麥高文（George Stanley McGovern）擔任主席。這個委員會花了七年的時間做成一份「美國參議院營養問題特別委員會報告書」，俗稱「麥高文報告」。

這份報告書內容多達五千頁，斷言「癌症和心臟病等多種慢性病，是肉食為主的錯誤飲食生活所造成的『飲食病』，靠藥物無法治療。」並陳述「我們必須誠實面對這個事實，並立刻改善飲食生活。」

這份報告書還提出具體對策，就是「減少以肉類為主的高熱量、高脂肪的肉食生活，盡量攝取未精研的穀物、蔬菜和水果。」

收到這份報告之後，美國食品與藥物管理局（FDA）推出了名為「健康人」的健康政策。這個政策設定了健康、醫療、飲食等多方面的目標數字，並以十年為單位

來達成目標。從第一階段的「健康人一九八〇」開始，目前已經持續到「健康人二〇一〇」了。

一九九〇年，美國癌症研究中心提倡了「設計師食物計畫」（Desigher Foods Project），研究能夠有效預防癌症的蔬食（蔬菜、水果、穀物、辛香料等等），並發表聲明呼籲國人多加攝取。

其中也舉出了最能有效抑制癌症的食品，有大蒜、高麗菜、大豆、薑、胡蘿蔔等等，其次是洋蔥、茶、柑橘類。

當美國人了解到飲食生活不限於健康的問題，確實有改善的必要後，便馬上接受事實並開始執行。我認為這種態度很值得學習。

美國人喜愛的日式飲食，是有效抗癌的健康飲食

此外，世界上還有許多有關癌症與飲食的研究。

多爾爵士所做的致癌因素分析

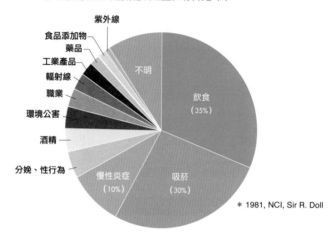

* 1981, NCI, Sir R. Doll

著名的流行病學家（以廣域且多數集團為對象，調查疾病與健康狀況，並以統計學分析原因和發病情況的學者），英國牛津大學榮譽教授，已故的理查·多爾爵士（Sir Richard Doll），也是發現吸菸與癌症有關的科學家。多爾爵士根據他長年進行的各種疾病研究，發表了「癌症有三○％源自於吸菸，三五％源自飲食；要是加上酒精、藥物、食品添加物的話，癌症起因將有四○～五○％來自飲食（從嘴巴吃進去的東西）」這樣的論述。這份報告，可說是給現代人的一大警訊，而廣受世人注目。

另外，美國紐約州康乃爾大學的柯林·坎貝爾（T. Colin Campbell）教授，從過去三十年間龐大的研究中，收集了有關動物

蛋白質「四腳行走動物的蛋白質」具有致癌性的資料，而發表了《救命飲食》（The China Study）這本書。

書名《The China Study》，代表本書依據研究資料，提出「中國和日本的飲食生活是健康的飲食」。

近年來世界重新看待以蔬食為主的飲食生活，因為這不只是抗癌方針，也是維持健康的重要關鍵。其中堪稱「模範」之一的，就是大家矚目的日本飲食。

說到美國人的飲食，大家應該第一個就想到「厚片牛排」，不過最近美國的蔬菜消耗量逐年增加，日本食品的豆腐和壽司開始大受歡迎。洛杉磯甚至開了數百家的「壽司吧」。可是在日本，吃日本料理的人反而逐漸減少，開始大吃西餐和漢堡，真的是相當諷刺。

全美國一百二十八所大學中，目前有一半以上都有開設「醫療營養學」的課程，可見醫學系有多麼重視營養學。

藉由以上的研究，還有根據癌症研究中心提出的具體政策，以及飲食指導的成果，美國這幾十年來的癌症病例正不斷減少。不只是美國，許多先進國家也從十幾年前，就開始進行癌症的營養指導。

的分水嶺，是應該認真考慮飲食與治療的關聯了。

很遺憾，日本在這個領域仍然相當落後。我認為目前日本的癌症醫療正處於時代

納入飲食療法後，癌症治癒率日漸提升

我參考了前面提到的葛森療法與甲田療法的實際成效，再加上美國的研究結果，

而提出了具體的癌症飲食方針（細節請參考第四章）。

我用這套飲食方針指導患者之後，每次統計治療成績，整體有效率都更加提升。

不久前，我剛好做出一份距今為期十年內，進行過飲食指導的各種癌症患者相關

調查，得出的統計結果，容我在此為大家介紹吧。

統計對象包含胃癌、大腸癌、肝癌、膽管癌、胰臟癌、攝護腺癌、惡性淋巴瘤

等，總計一百二十人。全都是惡化中的癌症患者，包括晚期癌，並且進行切除手術之

後復發的例子大約占了半數。

將近 10 年的癌症飲食療法之治療成果

癌症類別與病例數		完全治癒	症狀改善	維持原狀	惡化	死亡
胃癌	18	2	8		1	7
大腸癌	32	2	16	1		13
肝癌	3	1	1	1		
胰臟癌	7	1	3			3
膽管癌	7		3			4
食道癌	5	2	1			2
攝護腺癌	8	1	4			2
惡性淋巴瘤	8	1	6			1
其他	22	2	16		2	2
總計	110	13	58	2	3	34

※ 平均觀察期為 2 年 4 個月

有效率 66.3%

對這些患者進行飲食療法之後，有十三個病例完全治癒，五十八個病例改善，兩個病例維持原狀，三個病例惡化，三十四個病例死亡，整體治療有效率達六六.三％。

而且在乳癌、攝護腺癌、惡性淋巴瘤等癌症中，有七〇～七五％顯示飲食療法可以產生療效。

也就是說，無論是復發或是惡化中的癌症，只要確實進行飲食療法，就會有六到七成的人改善。這些病例包含僅靠現代醫學（手術、抗癌劑、放射線療法）只能「束手無策」的晚期癌症、復發癌，所以得出的有效率可說已經是非常高的數字了。

雖然我的專長是消化系外科，但是卻有很多希望以改變飲食來治療乳癌、肺癌、惡

性淋巴瘤等不同科的其他癌症患者。他們雖然想在其他醫療機關接受飲食指導，但迫於現狀只好來接受我的指導。我的做法是，基本上還是讓他們持續接受各科專門醫師的診斷和治療，只有飲食指導的部分由我負責而已。

我在注意到飲食療法之前，對於惡化到無法進行手術的癌症所帶給我的那種「現代醫學也無能為力」的現實挫折感，可說是深惡痛絕。即使進行抗癌劑和放射線療法，老實說也只不過是設法延長生命，根本不能算是「治療」。一旦碰到「盡自己的能力，等著將病人送到安寧病房」的情況，正是我作為一名醫師最感到無能為力的時刻。

但是透過飲食療法，無論癌症惡化到什麼狀態，都能夠抱著能夠治癒的希望來進行。當然這不代表所有病例都有效，但是如果趁患者還有體力（還能夠正常進食）的時候，靠飲食來提高免疫力，那麼無論是惡化中癌症，還是晚期癌症，都有治癒的可能。

為了更有效地運用現代醫學，我認為應該更加重視飲食療法（即營養・代謝療法）。

癌症飲食療法的意義與定位

在我只靠現代醫學治療癌症的當時，偶爾聽到「改變飲食就治好了癌症」這樣的話，或是閱讀葛森療法治癒癌症的病例報告，心裡總覺得「會有那樣的事嗎？」，可以說是像在讀《天方夜譚》那般。

但是，隨著我不斷學習、研究飲食療法，雖然還沒有完全解開其原理，但是這確實有科學根據，而且在生理機制的作用上也有了某種程度的理解。

例如，葛森療法和甲田療法同樣都建議攝取大量蔬菜，就是因為蔬菜中含有豐富的「植物化合物（Phytochemicals）」，可以消除致癌要素的活性氧（一種非常不安定的氧，只要體內增生過多就會危害人體）。

而且，新鮮的蔬菜水果中，含有促進新陳代謝的各種維生素、礦物質，以及尚未被現代營養學重視的「酵素」。這些營養素可以活化身體，發揮提升免疫力的強大作用。

了解這些事實之後，我對飲食療法病例報告的定位，就像解開了詛咒那樣，從

「天方夜譚」變成了有科學根據的成果，成為寶貴的參考資料。

其實在這段過程中，我心裡有股越來越大的聲音，就是我的恩師中山恒明醫師（編注：已故的前日本外科醫學會榮譽會長，食道癌手術確立第一人、世界食道癌與胃癌權威）說過的話。

「醫生不可自認為有能力治癒疾病。患者的身體要由患者自己來治。能夠激發自然治癒力（人類與生俱來，可以治療疾病的能力）的醫師，才稱得上是名醫。不要傲慢的認為手術可以治病啊。」

每次以手術、抗癌劑治療癌症遇到瓶頸時，這段話就在我腦中徘徊不去。當我開始了解飲食療法的根據和機制，實際指導患者，並獲得成果，恩師的忠告就更加如實地向我逼近。

「阻止癌症惡化的手術與抗癌劑」「調整營養・新陳代謝的飲食療法」，再加上恩師所說的「患者要靠自然治癒力（免疫力）來醫治自己的身體」，這三大要素已在我心中緊密結合了。

下一章我們將會做詳細的解說，即使是目前具有強大副作用的強效抗癌劑，邊靠飲食療法來維持一定程度的免疫力，然後少量服用，也可以有效抑制副作用，並且提

升藥效。

我從立志「醫治癌症」以來，就不斷磨練技術，盡全力地學習。而飲食療法正是「治癒」的醫術。如今我的想法，則是「一定要進行『治癒』的醫術」。也就是以患者為主體，注重患者本身免疫力和新陳代謝的醫術。

用「免疫力」這道關鍵，將治癒醫術不可或缺的飲食療法，與歷來的現代醫學相結合，這才是未來的癌症醫療方針吧！自許做為治人更勝於治病的醫師，就該拋棄心中「治不好」的成見，回應患者的期望，努力追求「治癒」的醫術，並加以實踐才是。

第二章

人爲什麼會
罹患癌症

目前已知的致癌四大原因

關於致癌的原因和形成過程，雖然還有很多不明瞭的地方，但隨著各種研究相繼出爐，以往不明白的地方正一一被揭發真相。本章將說明目前已知的致癌原因和形成過程，特別是與飲食之間深入的關聯性，並以此為中心為大家詳盡解說。

「致癌原因」只能說是個攏統的代稱，實際上癌症種類千奇百怪，即使是相同的癌症，也可能是由各種原因互相纏繞所引發的。目前已知的主要原因，有遺傳因素、病毒和細菌、紫外線、輻射、部分食品和食品添加物，以及部分化學物質等等。

前章提到的，英國著名的流行病學家理查‧多爾爵士，根據他長年進行的許多疾病研究，發表了癌症有三○％源自於吸菸，四○～五○％來自食物以及相關物質（食品添加物等等）。也就是說，致癌原因大約有一半來自「吃進嘴裡的東西」，從這點來看，「飲食」可說是非常重要的抗癌策略。

目前已知食品相關的致癌原因中，我特別重視以下幾點。

① 鹽分攝取過量（礦物質失衡）

② 檸檬酸循環障礙

③ 產生過多的活性氧（一種非常不安定的氧，體內含量過多對身體有害）

④ 動物性蛋白質、油脂攝取過量

當然，其他還有很多細項，不過這四項就占了致癌因素的最大部分。所以針對這四項來檢討對策的話，不只可以預防癌症，更能夠對癌症治療產生極大幫助。

那麼我們就來看看這四項因素，是如何跟癌症產生關聯的吧。

鹽分攝取過量

高鹽分的飲食會提升胃癌風險

鹽分與胃癌的關係特別密切，而且跟其他各種癌症也有牽扯。首先就從鹽分與胃

癌的關係開始說明吧。

日本一九六八年之後在秋田縣進行了一項調查，這份調查讓世人注意到鹽分與胃癌的關係。話雖如此，但這份調查當時的目的並不在於與癌症有關的調查。

當時日本人都知道，秋田縣是腦中風（腦血管破裂或堵塞，造成肢體麻痺或語言障礙的一種疾病）病例非常多的一個縣。這個地區的氣候寒冷，所以常常用鹽來醃漬食品以利保存，因此鹽分攝取量相當高；又因為當地人喝酒喜歡配又鹹又辣的下酒菜，所以一般認為這就是容易腦中風的原因。也就是說，大家認為鹽分就是提高腦中風機率的「兇手」。

一九五三年，秋田縣民平均的鹽分攝取量是一天二十二克。全國平均攝取量是十六公克，跟目前已降到十公克比較，就算是在日本全民的鹽分攝取過量的時代，秋田縣民的攝取量依然過多。

秋田縣政府獨自創辦了「秋田縣立腦血管研究中心」（秋田腦研）這個研究機構，進行如何減少腦中風的研究，以及推廣少鹽運動。這些自動自發的縣民活動持續了三十年之久，才將秋田縣的鹽分攝取量降低到每天十二到十三公克。

這樣一來，腦中風的病例確實減少到比全國平均稍高一些而已，而且光從秋田縣

的歷史數據來看，可說是降低了一半。

不過，改善的並不只有腦中風而已。在腦中風病例減半的同時，秋田縣民的胃癌罹患機率也減少為三分之一。這可說是減少鹽分意外的附加價值。後來這件事情引發話題，成為研究人員開始關心胃癌與鹽分關聯的重要契機。

提到「胃癌與鹽分」，我就想到十幾年前在韓國首爾大學，與知名外科醫師金仁福教授當面討論的情形。

金教授對我說，

「濟陽兄，最近首爾的胃癌病例少了很多喔。你知道原因嗎？」

「不知道呢。為什麼會這樣？」

當我這樣問，金教授便回答：

「因為冰箱普及起來了。所以我們能夠輕鬆保存食物，減少攝取鹽漬食物了。」

原本，首爾大學一年大約要進行六百例的胃癌手術，但是在電冰箱普及之後，就減少一半約三百例左右了。

美國現在的胃癌病例不像日本這麼高，但是回顧歷史，在二十世紀初卻比現在還多，就是因為電冰箱普及，才減少了胃癌病例。在日本，胃癌長期以來都是死因第一

日本秋田縣民的鹽分攝取量演變

	鹽分攝取量（公克）	備註
1952 年	22.1	家庭調查（根據國民營養調查成果）
1969 年	20.5	家庭調查（根據國民營養調查成果）
1987 年	14.6	家庭調查（縣民營養調查）
1996 年	13.9	個人調查（縣民營養調查）
2001 年	13.3	個人調查（縣民營養調查）
2006 年	11.3	個人調查（縣民營養調查）

胃癌的死亡率演變（調整年齡死亡率）

	日本全國		秋田縣	
	男性	女性	男性	女性
1960 年	98.5	51.8	129.8	60.5
1965 年	96.0	49.4	123.4	47.6
1970 年	88.9	46.5	109.9	53.8
1975 年	79.4	39.8	98.4	48.1
1980 年	69.9	34.1	95.0	40.0
1985 年	58.7	27.4	69.7	29.6
1990 年	49.5	21.6	61.6	26.6
1995 年	45.4	18.5	57.4	22.0
2000 年	39.1	15.8	51.9	19.2
2005 年	32.7	12.5	47.4	14.5

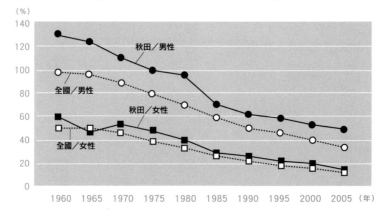

名，但是隨著電冰箱普及和飲食習慣改變，鹽分攝取量減少，也從第一名的寶座退下來了。也就是說，韓國也經歷了一樣的過程。

現在，大家普遍都接受過多鹽分會提高胃癌風險的事實了。

高鹽分飲食的致癌原因

話雖如此，為何攝取過量鹽分，會增加胃癌的風險呢？

一般認為因為長期的鹽分攝取過量，容易刺激胃壁，讓胃壁受損。而胃壁受損就可能引發癌症，不過，其實還有一個很重要的因素。那就是「幽門菌」。幽門菌的正式名稱叫做「幽門螺旋桿菌（Helicobacter pylori）」，在一九八二年被發現，已知是引發胃潰瘍和十二指腸潰瘍（兩者合併稱為「消化性潰瘍」）的主因。

幽門螺旋桿菌會棲息於胃壁上，長期處於衛生狀態不良的環境中，就很容易感染。目前中年以上的日本人受到生長環境的影響，有五成到六成以上的人感染了幽門螺旋桿菌。

近年來，學者還認為幽門螺旋桿菌不只會引發消化性潰瘍，還是胃癌的主因之

一。幽門螺旋桿菌所棲息的胃壁黏膜，會慢慢變得脆弱，結果就容易引發癌症。

如果攝取過多鹽分，胃黏膜就會受刺激而被破壞，容易滋生幽門螺旋桿菌，提高它的增殖與活動力。而且幽門螺旋桿菌會更加破壞胃黏膜，形成惡性循環，無論是身體中的哪個組織，只要不斷重複破壞與修復的動作，就會提高罹癌風險，所以鹽分與幽門螺旋桿菌一旦「聯手出擊」，胃癌的風險自然就會提高。

最近，有學者研究認為幽門螺旋桿菌可能會分離出引起胃癌的基因，讓幽門螺旋桿菌更直接引發胃癌。

而且因為黏膜受到破壞，過剩的鹽分就容易滲透到細胞中，破壞細胞的礦物質平衡，因而被認為可能提高致癌風險（之後會詳盡說明）。

鹽分攝取過量和胃幽門螺旋桿菌間的連繫，就像這樣一層一層地提高了胃癌風險。歐美的胃癌比例之所以比日本少，據說就是因為鹽分的攝取量較少。

附帶一提，我認為歐美的胃癌比例較低，除了鹽分攝取量的問題之外，也與「大量攝取牛乳和乳製品」不無關係。

如各位所知的，歐美的牛乳及乳製品攝取量，遠比日本要高出很多。而牛乳及乳製品的成分，會在腸胃中增殖乳酸菌等細菌，具有抑制幽門螺旋桿菌增殖與活動的功

效，或許因此發揮了預防胃癌的功用。

這目前只是我個人的「推測」，但因為這個想法，我在「濟陽式癌症飲食療法」中，除了大量的蔬菜和水果之外，還建議適量攝取優良的乳製品。第四章中我將會詳細說明幾個之所以推薦的理由，藉此也特別向各位推薦乳製品中的優格。

想要改善癌症，必須做到「幾乎無鹽的飲食生活」

好了，之前我們討論過鹽分的話題，一旦鹽分（鈉）過剩，就會破壞細胞內礦物質平衡，增加致癌風險。雖然有點複雜，但還請容我向大家說明其中的機制吧。

我們身體細胞的內側和外側，溶解了數種呈現帶電荷「離子」狀態的礦物質（電解質），並且彼此間保持一定的平衡。正因為礦物質保持平衡，通過細胞膜的物質運輸，和各種細胞的活動才能正常運作。

在數種礦物質中，鈉和鉀的平衡尤其重要。細胞內側的鉀較多，外側是鈉較多，並保持著一定的平衡。

說得更詳細些，細胞內液含有鉀一四〇～一四五毫當量（mili-equivalent，縮寫

成 mEg，表示溶液中離子濃度的單位），鈉則是五～十毫當量左右；反之，細胞外液（血液、淋巴液等等）中的鈉含量約有一四〇毫當量，鉀則只有四～五毫當量。這個平衡數值對身體來說非常重要，假設細胞外液中的鉀濃度超過六毫當量，心臟就會停止跳動了。

所以，如果不是有特別嚴重的意外，平時身體會自動維持這個平衡值。但是如果長期攝取過量鹽分，就很容易破壞了這個平衡值。一旦平衡崩潰之後，細胞的新陳代謝會發生異常，因此被認為會引發致癌危機。從這層意義來看，盡量減少鹽分攝取，是預防及改善癌症的一大重點。

現代人的飲食生活，大多都攝取了過量的鈉（鹽分），而新鮮蔬菜和水果中所富含的鉀反而攝取不足。當然，鈉是人體所需的營養素，尤其是因運動和肉體勞動流失大量汗水的時候，就有必要適量補充鈉。

但是如果沒有達到運動和勞動的前提，而攝取了過量的鹽分，鹽分就會過剩。尤其是癌症患者攝取過量鹽分的話，會阻礙病情的改善，甚至是造成復發的要因，所以我推薦幾乎「無鹽」的飲食生活。

天然海產已含有鈉了，所以即使不用鹽來調味，通常也不會造成鈉攝取不足的現

象。話雖如此，如果真的一點鹽都沒有，飯菜將食之無味，所以我提倡多花心思，打造不勉強且能持續的少鹽生活。同時也指導患者攝取大量的新鮮蔬菜和水果，補充體內的鉀（詳情參見第四章）。

檸檬酸循環障礙

三磷酸腺苷不足會提升致癌風險

另外還有一件事情；就保持鈉和鉀的平衡來說，與鹽分減量同樣重要，因為體內的「檸檬酸循環」要能夠正常運作。

「檸檬酸循環」這個名詞應該有不少人聽過吧。意思是以醣分（碳水化合物）為主要材料，連續產生物變化（新陳代謝），來製造能量的重要反應過程。

這套反應過程中，檸檬所含的檸檬酸扮演了重要角色，從檸檬酸開始起反應，代

謝掉許多物質，然後又變回檸檬酸，不斷循環。所以才取名為檸檬酸循環。

如果檸檬酸循環順利運作的話，就會產生出一種叫做「三磷酸腺苷」（adenosine triphosphate, ATP）的能量物質。而這個 ATP 對於維持「細胞內外的鈉、鉀平衡」扮演著重要的角色。

如前所述，細胞內液含有較多的鉀，細胞外液含有較多的鈉。物質會穿透細胞膜，在這兩者之間來回，所以平時鉀會往細胞外出去，而鈉會往細胞內進來。正常狀況下物質會從濃度較高的地方，往濃度較低的地方移動。

但是，電解質的平衡一旦崩潰，細胞將無法正常運作，這時候身體就會使用強大能量，將鉀離子留在細胞內，把鈉離子擋在細胞外。也就是將細胞外的少量鉀離子強迫送入細胞內，並將鈉離子強迫排至細胞外。

這種違反自然原理的物質輸送，需要不斷投入能量才能達成，這就叫做物質的「動能傳送」。而動能傳送所需要的能量，就是檸檬酸循環所生產的 ATP。

近來學者才明白，檸檬酸循環如果沒有順暢地運作，使得 ATP 不足，就會破壞細胞內外的礦物質平衡，而引發癌症。法國巴黎第四大學（Paris-Sorbonne University）附設醫院醫師皮耶爾・路斯汀，曾在世界性期刊中發表說，如果少了檸

檸檬酸循環示意圖

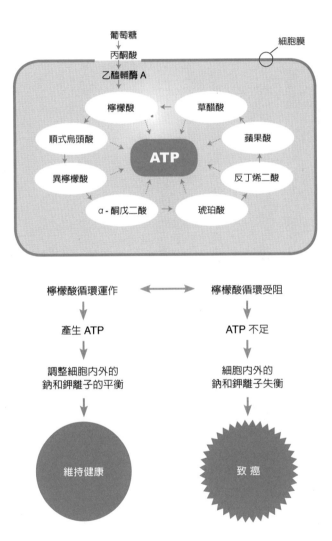

檬酸循環中的一個必要酵素，就會引發神經癌之一的神經結瘤。路斯汀醫師已確認在加入了所缺乏的酵素之後，檸檬酸循環就會重新順利運轉，腫瘤也開始縮小，最後消失。

韋尼克氏腦患者恢復健康

日本也有相關的報告。

前面提到的細胞內外動能傳送，實際必要的是細胞膜中的一種特殊酵素「Na-K・ATPase」。富山醫藥大學藥學院的酒井秀紀教授，曾經針對大腸癌細胞和正常細胞，比較細胞膜表面此種酵素的活性，結果發現大腸癌細胞表面，該酵素的活性降低了兩成左右。

這個現象是細胞癌化的原因還是結果，有待今後的研究去證明，不過不管怎麼說，研究結果確實顯示，細胞內外的礦物質失衡跟癌症有密切的關係。

我本身對檸檬酸循環也有不能忘懷的體驗。大約在十二年前，我為了治療某位患者胃部旁邊的淋巴瘤，便將整個胃摘除，結果暫時回家休養的患者突然在家中昏迷，

被緊急送回到醫院來。

這位患者似乎因為疲勞而無法好好用餐，但是我不知道只是這樣的原因就令他昏迷了，後來拍了 MRI 給神經內科醫師看過之後，他立刻診斷這是「韋尼克氏腦病（Wernicke's encephalopathy，即急性出血性腦灰質炎）」。

所謂韋尼克氏腦病，就是缺乏維生素 B 群，使大腦無法進行正常新陳代謝的疾病。其結構是缺乏檸檬酸循環所需的維生素 B 群，無法產生 ATP 所引起的。

所以我在神經內科醫師的指示下，對患者施用大量維生素 B，終於讓他清醒過來，恢復健康。

我們外科醫生在手術成功之後，如果碰到這樣的意外，常常會束手無策，慌張失措。當時我才真正了解到缺乏必要營養的恐怖，以及補充必要營養的重要性。

老實說，有人認為「不過就是維生素」，但是這種小東西，卻能夠喚醒失去意識的患者，讓人覺得「還真是了不起」。我想這次經驗，也是我往後對飲食療法產生關注的原因之一吧。

因此，想要預防或改善癌症，維持檸檬酸循環順利運作是相當重要的。這個事實是我推薦攝取檸檬和糙米的根據之一，因為檸檬含有豐富的檸檬酸，而糙米則含有檸

以維生素 B 治癒韋尼克氏腦病

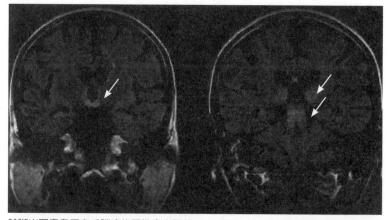

診斷出罹患韋尼克氏腦病的男性患者腦部 MRI 照片。由於缺乏檸檬酸循環所需的維生素 B 群，所以大腦新陳代謝無法正常運作而陷入昏迷。箭頭部分可見病變模樣。

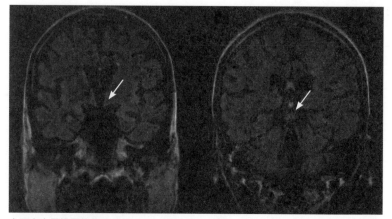

十天內大量投予維生素 B 劑之後，開始產生 ATP，患者恢復了意識與健康。核磁造影可看出大腦病變部位也消失了。

檸檬酸循環所必需的維生素 B 群。

產生過多的活性氧

活性氧是癌症‧生活習慣病‧老化的元兇

近年來各界開始注意活性氧（也稱作自由基），因為它不只會致癌，還是各種生活習慣病的主因。

我們吃進嘴巴裡的食品，會在體內燃燒而產生能量，以維持生命。雖然我們使用「燃燒」這個詞，但是實際上是一種不必產生大量熱能，就能有效獲得能量的「氧化」燃燒方法。

也就是說，氧化留下來的「爐渣」就是活性氧了。活性氧是一種非常不穩定的物質，它有強大的威力，會氧化、傷害周圍的細胞和物質。所以體內的活性氧如果過量，就會增加癌症和生活習慣病的風險，並加速老化。尤其當活性氧危害到基因，更

是致癌的一大要因。

但是人只要活著，體內就一定會產生活性氧。而且活性氧所具有的毒性，也可以作為體內擊退病原體的武器，有一定程度的重要性。

因此，人體內有好幾種可以快速消除活性氧的酵素，這些酵素會日以繼夜地努力工作。人體具備的這個酵素系統；當活性氧產生，而且活躍時，這個酵素系統就會迅速將活性氧消除，使危害減到最低。

然而，這個系統會隨著年齡增長而逐漸衰弱。另一方面，許多人因為紫外線、香菸、壓力、劇烈運動、飲酒過量、農藥、食品添加物、氧化食品（重複使用的食用油等）、空氣污染種種因素，體內會產生多餘的活性氧。

因此光靠體內生產的酵素，常常無法成功對抗活性氧。這樣一來，就會引發癌症和其他生活習慣病，使健康惡化。尤其是中年以上的防癌對策，更不能缺少「盡量不讓體內產生活性氧」「盡量快速消除活性氧」的觀念。

而在這方面最能夠發揮威力的，就是能夠消除活性氧的「抗氧化物質」。最具代表性的有維生素 A（胡蘿蔔素）、C、E，據說多達數百種的多酚等等，而且以新鮮蔬果中的含量最高。

富含多酚抗氧化能力強的水果

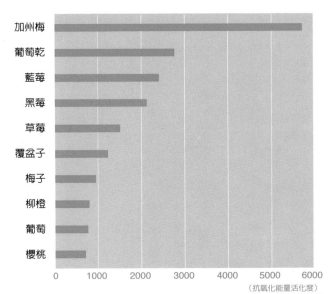

（抗氧化能量活化度）

＊根據 Agricultural Research（1999）編製

很多癌症飲食療法之所以都建議大量攝取新鮮蔬菜、水果，有很大的理由是因為這一點。鮮榨果汁、蔬菜汁，還有以其他各種形式攝取的大量蔬菜水果，都可以去除活性氧，藉此降低致癌風險，並阻止病情惡化，發揮了強大的功效。

動物性蛋白質、油脂攝取過量

動物性油脂攝取過量，會耗損巨噬細胞

許多癌症飲食療法中，都提到限制肉食。所謂肉食，廣義來說是包含魚肉、雞肉的所有魚貝類和肉類，而狹義來說只包含四腳行走的動物，也就是指家畜的肉。

在「濟陽式癌症飲食療法」中，魚貝類和雞肉只要挑選正確的種類和部位，「少量亦可」；但是牛肉、豬肉等家畜的肉類則嚴格禁止。尤其接受了癌症手術之後，至少半年之內要完全禁止食用；或是無法進行手術的晚期癌症，飲食療程中也要徹底禁止食用。

理由是因為牛肉和豬肉所含有的脂肪和蛋白質，分別是致癌、促進癌症惡化的主因。以下容我說明其中的機制。

有關動物性脂肪，應該有很多人認為它是「動脈硬化主因」，而不是癌症的主因吧。

目前大家都知道，攝取過多動物性油脂會增加體內的壞膽固醇「LDL膽固醇」。

所謂LDL，就是「低密度脂蛋白」的縮寫。簡單來說，肝臟是製造膽固醇的工廠，而LDL就是將膽固醇等脂肪從肝臟搬運到體內各個組織的「貨輪」。

所謂LDL膽固醇，就是貨輪上所搬運的膽固醇，這種膽固醇越多，被運送到血管壁中的膽固醇也就越多。但是光這樣並不會引起動脈硬化。

接下來要出場的，就是前面提到的活性氧了。一旦LDL被活性氧給氧化，才會成為動脈硬化的導火線。

被活性氧給氧化的LDL，身體會將其判定為有害雜質。這時候由單核白血球組成的，稱為巨噬細胞的免疫細胞，就會聚集起來處理雜質。

巨噬細胞是一種以「吞噬作用」來吞噬處理雜質和病原體的細胞。它會像字面所示那樣大口大口吞食異物。

表面看來似乎是件令人感激的事，但是有時也會造成困擾。因為把氧化LDL和膽固醇等脂肪一口吞掉的巨噬細胞，會精疲力盡地死在血管壁上。它們的殘骸沉澱在血管壁上，形成所謂的「粥狀硬化」，導致動脈硬化，引發心肌梗塞（心臟血管堵

塞所引起的疾病）、腦梗塞（大腦血管堵塞所引起的疾病）等疾病。

而且同時還會發生另一件麻煩的事情。巨噬細胞會隨著血液循環整個人體，可說是消除異物和病原體的「體內巡邏隊」。如果攝取過多動物性油脂，增加了氧化LDL的工程，那麼重要的巨噬細胞就會浪費在處理氧化LDL上面。

我們的體內不斷在產生癌症種苗，不過免疫系統總是會迅速將其拔除。其中，巨噬細胞會跟NK（自然殺手）細胞等免疫細胞，一同擔負頭拔除癌症種苗的任務。

然而，忙著處理氧化LDL的巨噬細胞，是無法擔任這份工作的。結果不是容易致癌，就是增加癌症轉移或復發的風險。所以要是攝取過量的動物性油脂，不只會促進動脈硬化，結果還會增加致癌風險。

從統計結果來看可以發現，在癌症當中，乳癌和攝護腺癌是脂肪越多的人越容易罹患的癌症。雖然日本人的油脂攝取量有增加，但是比起歐美來說還算是相當少的。所以反映出來的結果，就是日本人的乳癌和攝護腺癌發病機率，現在依然比歐美國家要低。

在美國和英國，人民攝取脂肪的數量是日本的四倍左右，而且乳癌和攝護腺癌的罹患機率也是四倍左右。

但是日本人近年來的油脂攝取量不斷增加，乳癌和攝護腺癌的罹患機率也提高了。這不僅限於動物性油脂，而是關係到所有種類的油脂，尤其動物性油脂更有著前述的問題，所以要特別注意。

在癌症飲食療法中，最重要的就是「盡量抑制所有油脂的攝取量，尤其是動物性油脂，原則上是全面禁止的。」（詳情請參考第四章）

動物性蛋白質容易致癌

最近從各種研究結果中可以發現，不只是動物性油脂，連動物性蛋白質也會增加致癌風險。

關於這點，上一章介紹過的美國康乃爾大學柯林・坎貝爾教授，進行過以下的動物實驗。

坎貝爾教授準備了兩群老鼠，一邊供應含有五％動物性蛋白質的飼料，另一邊則供應含有二十％動物性蛋白質的飼料，然後同樣施用含有會引發肝癌的黃麴毒素 B_1（aflatoxin B_1）進行比較。

結果，後者攝取較高蛋白質的群組，比起前者攝取較少蛋白質的群組，罹患肝癌的老鼠多了三倍之多。

當時再調查老鼠的肝臟，發現酵素活性變得非常高。肝臟是體內的化學工廠，裡面會生產多種酵素。這些酵素的活性提高，聽起來似乎是好事，但是實際上卻會提高致癌風險。

為什麼呢？因為酵素活性提高，意味著將蛋白質分解成基本的構成元素胺基酸，然後再度合成為蛋白質的這套過程相當活絡。酵素活性越高，胺基酸越容易「配錯對」，意思就是鍵結位置出錯，正確排列的一部分被換掉而引發「錯誤反應」的意思。而且，肝臟的另一個重要功能，也就是解毒功能（中和毒素的功能），會變得比較弱，而不容易消除毒性物質。結果也會促進致癌。總之黃麴毒素 B_1 之類的致癌物質，會趁機跑進錯誤反應中，引發更嚴重的錯誤配對。

在其他研究中，也發現每天吃牛肉的人，罹患大腸癌的機率是一週吃一到兩次的人的二‧五倍。

例如，目前已知罹患 B 型或 C 型病毒性肝炎的患者，如果攝取過多蛋白質，那麼分解合成的過程就會活絡起來，容易在反應中混入病毒而引發癌症。

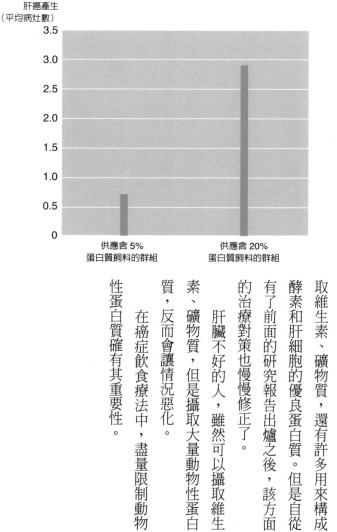

坎貝爾教授進行的導致肝癌的動物實驗結果

肝癌產生
（平均病灶數）

供應含 5%
蛋白質飼料的群組

供應含 20%
蛋白質飼料的群組

過去只要提到肝病，總是認為要攝取維生素、礦物質，還有許多用來構成酵素和肝細胞的優良蛋白質。但是自從有了前面的研究報告出爐之後，該方面的治療對策也慢慢修正了。

肝臟不好的人，雖然可以攝取維生素、礦物質，但是攝取大量動物性蛋白質，反而會讓情況惡化。

在癌症飲食療法中，盡量限制動物性蛋白質確有其重要性。

肉食易使壞菌增生，提高罹患大腸癌風險

提到肉食，還有另一面向與癌症有關，而受到注意。那就是透過腸內細菌而引發大腸癌的影響。

我們的腸子裡面棲息了大約三百種，數量多達一百兆個的腸內細菌。這些腸內細菌裡面，對健康有益的叫做「好菌」，反之具有毒性而會引起疾病的則叫做「壞菌」，這兩種菌總是不停在「搶奪地盤」。

如果肉吃多了，代表壞菌的大腸桿菌和產氣莢膜芽胞梭菌（Clostridium perfringens）就會增加。這些壞菌會產生吲哚和胺等有毒物質。

這些毒性物質會被送到肝臟消除毒性。解毒方法是讓毒性物質和「尿苷酸（glucuronic acid）」結合，消除其毒性。所以尿苷酸可以說是將毒性物質的「箭頭」包覆起來，減少其危險性的「箭套」。

毒性物質在套上箭套之後，會混在膽汁中被排泄至腸道內。人只要攝取肉類和高油脂食物，就會分泌大量膽汁，可說是脂肪的消化液。

膽汁中所含的毒性物質如果被尿苷酸這個箭套包住，還不至於有什麼危險，但是

從這裡開始就有問題了。產氣莢膜芽胞梭菌等壞菌，會分泌一種能夠解除尿苷酸鍵結的酵素（β-glucuronidase,GUS，β-葡萄糖苷酸酶），這會破壞尿苷酸對毒性物質的保護機制。

只要壞菌分泌這種酵素，毒性物質的「箭頭」就會暴露出來，發揮它的毒性。這樣大腸壁就會受到刺激，而容易引發癌症，或是使癌症惡化。

日本人原本比較常罹患胃炎，較少罹患大腸癌，但是隨著肉類和高油脂飲食的攝取量增加，大腸癌的數字在最近四十年內增加了九倍之多。

我建議的應變之道，就是經常食用能夠增加腸內好菌的優格。從這層意義來看，優格在「濟陽式癌症飲食療法」中屬於不可或缺的食物，因此我本身每天也都會飲用五百毫升左右的優格。

第三章
手術・抗癌劑・
放射線和飲食療法

治療有效率與患者的免疫力有關

目前的癌症治療方法，通常還是依賴手術治療、抗癌劑、放射線療法等三大療法。根據癌症的種類和狀況，也會使用荷爾蒙藥物，或是提高免疫力（即使病原體侵入體內，也能夠避免發病的力量）的藥物。

手術不只是切開患部的外科手術，最近則流行將光纖鏡（可以直接觀察身體內部的醫療工具）插入腸胃中來進行的內視鏡手術，或是在腹部切開一個小洞，插入工具來進行的腹腔鏡手術等等。

不管哪一種，都是先用攝影來確認癌症病灶，用手術切除之後，配合情況投予抗癌劑或其他藥物，或是進行放射線療法，這是一般的癌症治療流程。有時候也會依據病情，先採用藥物或放射線治療，將腫瘤縮小到一定程度再進行手術。

像這樣採用癌症主要療法「總動員」的做法，日本叫作「癌症集學治療」（編注：台灣稱為「多專業整合治療」）。

「集學治療」這個名詞的呼聲很高，大家認為能夠得到最先進的醫療效果。但是

實際上，癌症集學治療效果通常達不到原本的期望。

大約在二十年前，日本成立了「癌症集學治療基金會」，研究如何進行有效的集學治療。但是老實說，研究結果相當難堪，只是暴露出集學治療的極限而已。

即使用了各種藥物，嘗試各種組合，努力研究治療法的組合，都無法獲得再更好的效果。

為什麼會這樣呢？

我認為最大的理由，就是集學治療並沒有考慮到患者身體方面的條件，也就是忽略了營養與新陳代謝，以及由此所造成的免疫狀態。

骨髓會被抗癌劑破壞殆盡

手術・抗癌劑・放射線療法等三大療法都是為了治療癌症而存在的，但是另一方面，它們也具有妨礙患者恢復健康的因素，可以說是「雙面刃」。例如用手術切除大範圍的患部，連周邊淋巴結也一併切除，雖然可以去除癌細胞並防止其擴散至周邊淋

巴結，但是也有降低患者體力及免疫力的缺點。

抗癌劑和放射線療法也一樣，會依做法不同而出現強烈副作用，反而對患者的身體產生傷害。

如果慎重調整程度，是可以盡量提高效果，減少副作用，但是依然無法避免對身體造成負擔。所以通常會暫時中斷治療，並依身體狀況調整劑量來繼續完成療程。如此地安排投放間隔（停止用藥時段）反覆投藥。

這在我看來，根本就是患者體力和癌細胞的拉鋸戰。要是患者有一定程度的體力，用這種方法還有點效果，但是隨著體力日漸衰退，最後還是會落入進退兩難的窘境。

目前使用抗癌劑的時機有一定的準則可以參考，依據這個準則被認為病況不到某種程度，使用起來就不具效果。但是有很多情況是，依照準則使用抗癌劑，仍出現骨髓抑制現象，嚴重影響血液細胞和免疫細胞的生成機制。於是引發貧血症狀，同時降低免疫力、削弱復原力。

由於治療初期可以併用抗癌劑和放射線療法，情況還算可以，但是考慮到放射線治療對身體的負擔，這種療程並無法持續兩個月以上。之後的療程通常會停止放射線

治療，然後就靠抗癌劑來補足，因此用藥量幾乎都會增加。治療最後大約有一成左右的患者，會因為肺炎等併發症而死亡。

這就是目前癌症治療上的現狀。

「如果不能抑制癌細胞生長，身體還是會完蛋，只好硬著頭皮做下去了」

「沒有其他方法可用，只好這樣做了」

我想有很多醫師都是這樣認為的吧。我本身當然也能了解這種心情。

但是話雖如此，我認為犧牲患者身體健康的療法，是一種看病不看人，本末倒置的方法。

如第一章所提到的，醫師不應該用手術、抗癌劑來擊退癌細胞。而應該激發患者自身的免疫力來擊退癌細胞，手術和抗癌劑只不過是輔助療法而已。

「那到底有沒有能夠更加支援免疫力的方法呢？」找出這種方法，加以研究實踐，正是醫師的職責。我已經找出了能夠達成目的的強大支援療法。那就是「癌症飲食療法（營養・代謝療法）」。

探索不會降低食慾和體力的抗癌劑使用量

我在這裡要講明一件事情，那就是對癌症來說，「三大療法」和「飲食療法」絕對不是互相對立或二選一的。

說到「癌症飲食療法」，有人會採用「光靠飲食治療癌症」「否定手術和抗癌劑」等極端做法，但是這並非明智的決定。而且一旦出差錯，還可能變成非常危險的方法。

當然，世界上有著許多想法和治療方針，沒有什麼絕對正確的事情。但是我們不能因為錯誤資訊和偏見，而錯失了治療良機。

以我的情況來說，一定是先檢討或執行過必要的手術、抗癌劑、放射線療法，還有其他有效的醫學治療，才同時進行癌症飲食療法的。

從具體治療方針來看，惡化中的癌症首先要以手術切除病灶。癌症是新陳代謝異常所造成的全身疾病，即使切除了肉眼所見的腫瘤，也可能在別的地方復發。但是即使如此，目前最好的方法還是盡量切除現今醫療能發現的癌細胞，然後冷靜檢討下一

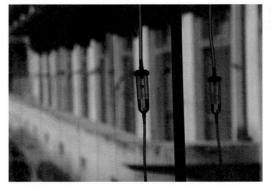

先接受正統的醫療治療，
再搭配使用飲食療法

步方法。

通常在手術之後，會進行最低限度的抗癌劑和放射線療法。抗癌劑的藥量可能會比平常減半，以探尋不會降低患者食慾和體力，又能得到效果的藥量。

製藥廠的業務可能會說「醫師啊，這種用藥量不夠」，但是對此我都會回答「不，這種用量才有效啊」而依然減少藥量。準則所規定的施用量有時候會快速降低免疫力，所以醫學會也公認只要投予五到六成的藥量即可。

即使藥量減少，抗癌劑的副作用還是可能降低食慾。這時候我會指導患者細心處理食物，用優格或乳酸菌來改善腸內細菌平衡，或是早上來杯新鮮蔬果汁，藉此提高食慾。另外我也推薦香菇菌絲體和蜂蜜等等。

一旦抗癌劑造成腸胃衰弱疲憊之後，就很不容易恢復過來，在陷入這個狀況之前，我都會指導患者以點滴補充營養，或是依病況選用前面提到的方法，希望在使用抗癌劑時也能維持患者的食慾和體力。

抗癌劑投藥量需依白血球與淋巴球數量調整

想要維持免疫力，最關鍵的就是吃進嘴裡的食物，絕對不能因為抗癌劑而降低食慾。當施用抗癌劑可能破壞食慾和體力的時候，要優先維持體力，並暫時停止投藥。

判斷是否應該停用藥物，可以參考患者血液中白血球與淋巴球的數量（濃度）。

血液中的白血球數量，和屬於白血球的淋巴球數量，反映出一個人的免疫力強度。從以往的經驗看來，只要這些數值達到一定程度以上，那麼投予抗癌劑的時候就能降低副作用，發揮抗癌效果。

參考基準數字如下。

‧白血球＝一立方公厘的血液含三千到四千個以上

‧淋巴球＝一立方公厘的血液含一千個以上

原則上我會給患者定期抽血檢查，當白血球‧淋巴球達到前面的數值以上，才會使用抗癌劑。只要數值高於標準，即使持續投予抗癌劑也能夠維持體力和免疫力，抑制癌細胞生長。

當白血球和淋巴球低於前面的數值時，如果還是勉強投予抗癌劑，很可能「治好了癌症，卻因為副作用或肺炎而喪命。」因此這時候就不使用抗癌劑，而可能改用放射線療法。或是使用增加免疫力的藥物，靠著飲食指導來恢復體力，設法增加白血球和淋巴球。

另外，雖然我提過只要白血球和淋巴球足夠，就可以「持續投予抗癌劑」，但是一般來說，如果長期使用抗癌劑，數個月之後就會出現抗藥性（身體的一種習慣性），慢慢出現能夠承受抗癌劑的癌細胞。所以從廣義層面來看，連續用藥只能發揮暫時性（頂多半年左右）的效果。真正的持續性治療，還是要改變飲食，改善身體營養狀態和新陳代謝才行。但是想要從癌細胞拉鋸戰中取得優勢，妥善使用抗癌劑是相當有幫助的。

因為汽車會出車禍，所以不該有汽車，這是因噎廢食的想法，應該考慮如何降低車禍風險才對。同樣地，抗癌劑只要善加利用，將能幫助人們克服癌症。摒棄極端思維，參考所有有效的方法，以提升免疫力為目標，然後確實執行。我想這才是治療癌症的關鍵。

手術成功不是治療結束，而是治療的開始

「手術成功了。壞細胞已經切除掉。恭喜你了。」

癌症手術結束之後，醫師可能會跟患者這麼說吧。畢竟醫師本身鬆了一口氣，患者和家屬也會安心又開心，這麼說是理所當然的。不過，事實上手術結束之後才更要防範粗心大意。

癌症是新陳代謝異常的全身疾病，癌症患者大多都是因為飲食生活而罹患癌症的。所以即使切除了眼前的癌症病灶，只要飲食生活沒有改善，就可能引起轉移或復發。也就是說，即使手術結束了，患者的體質基本上依然是「癌症患者」。

所以我希望癌症患者和家屬一定要有以下的心理準備：「手術成功，只是完成了治療的第一步，真正的治療現在才要開始。手術結束之後，只能算是完成了改善飲食的『身體準備動作』。」

我雖然是個外科醫師，但是我並不認為「外科手術結束之後，我的任務也結束了。」因為我不只是個外科醫師，更是個醫生，所以我的任務應該是盡力協助患者治療疾病，安享天年。

因此我也會嚴格指導患者的飲食生活。飲食指導不同於手術或藥物，無法強制執行。而且最後能夠下決定的還是患者本身，執行上相當困難，但是我還是會在當下進行最佳的指導。

其中，有很多確實遵守指導內容的患者，即使罹患晚期癌症，也不會繼續惡化，而能延長壽命、讚頌人生。

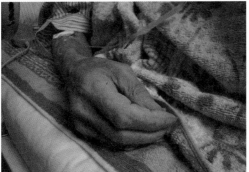

手術後的生活是最重要的

另外，想要提高免疫力，飲食生活是最重要的關鍵；日本免疫學第一把交椅，新潟大學醫學院的安保徹教授也說過，睡眠充足、減輕壓力是很重要的。雖然有點像在說教，不過重新檢討飲食與生活方式真的非常重要。

從本質來定位，改善飲食生活、提升免疫力的癌症療法是「主」，而手術‧抗癌劑‧放射線則是從旁輔助的「僕」。期勉大家在進行癌症治療時，能將這點銘記在心。

何謂癌症的營養‧代謝療法

話說回來，我在本書中雖然使用「癌症飲食療法」一詞，但在學會發表或論文上則是使用「癌症的營養‧代謝療法」稱之。為了達到正確理解本書所提倡的飲食療法之目標，我要在此簡單說明「營養‧代謝療法」的意涵。

「營養‧代謝療法」在廣義上與「飲食療法」並無不同，不過其中有著微妙的差異。

所謂「營養」，很容易跟營養素混為一談，但是正確來說，人類攝取食物、水、氧氣等物質為身體所用，然後將廢棄物（體內不需要而排出體外的物質）排泄掉，這種「營造」養分的過程才叫營養。

附帶一提，「新陳代謝」則是我們身體攝取食物、水、氧氣為身體所用時，所產生的各種物質變化、轉換、交替的過程。

注重體內的營養製造與物質的變化，以「提升營養」「新陳代謝正常化」為目標所進行的療法，就是「營養・代謝療法」。

說到「飲食療法」，很容易給人「要吃這個食物，不准吃那個食物」，重視材料取捨、專注於食物名稱和菜單內容的印象。另一方面，「營養・代謝療法」真正重視的目標，應該是吃下食物之後所造成的「體內系統改善」。

我的目的是追求後者。吃什麼東西只是「手段」，目標在於提高營養，讓新陳代謝正常化，以提升免疫力，使癌細胞自動縮小、消失。因此正式名稱就定為「營養・代謝療法」。

本書為了方便閱讀，以下依然採用「癌症飲食療法」的名詞，但是希望各位務必了解「營養・代謝療法」的意涵。

另外一點比較麻煩的是，現代營養學所說的「營養」，和基本意義上的「營養」有很大的出入。

例如目前多數醫療機構所採用的飲食指導方式，有個名為「NST」的系統。

NST就是「營養支援團隊」（Nutrition Support Team）的英文縮寫，這個系統是由醫師、護士、營養師、藥師、臨床檢驗技師等人組成的團隊，由他們來管理患者的營養狀態，確保患者的健康。

目前普遍認為這個系統可以提高現代營養學所定義的「營養狀態」，促進病況改善，提升治療效果，對許多疾病和症狀是有效的。

但是我所指導的癌症飲食療法，則有很大的不同。從現代營養學的觀點來看，必須均衡攝取醣分（碳水化合物）、脂肪、蛋白質等三大營養素。因為癌症會使患者體重減輕，所以更要攝取三大營養素來恢復體重。

但是以治療癌症的觀點來看，這根本是逆行倒施，還可能會讓病情惡化。尤其就像前面所提到的一樣，動物性脂肪和蛋白質會致癌、使癌症惡化，所以癌症患者應該嚴格限制這些東西。

另一方面，減少、消除癌細胞所必須使用的抗氧化物質（能夠抑制氧化的物質）

和酵素，也未被納入現代營養學的範疇。癌症飲食療法的重點，在於攝取蔬菜水果等蔬食中的維生素、礦物質，並且要在高活性狀態（盡量新鮮的狀態，也就是「生鮮」狀態）下以利攝取抗氧化物質和酵素。

正因為這樣的差異，我希望各位讀者能夠清楚分辨本書所說的「癌症飲食療法」和「現代營養學的飲食療法」，避免將二者混淆了。

就算是晚期或末期癌症也別輕言放棄

在本章的尾聲，我將癌症各期別的一般療法，和各時期飲食療法的意義稍作整理了。基本上只是參考用，實際上還是要依病例來決定怎麼做。

消化器官癌症的惡化程度，分成○到四期。

○期是腫瘤還在黏膜內的時候。

一期（第一階段），就是消化道內側有腫瘤，但是沒有轉移到旁邊的淋巴結的狀況。

○到一期一般稱爲「早期癌症」，通常以手術就可以完全根治。其中，○期和一期的初期還是可以用內視鏡和放射線療法來治療。

但是前面也提過，就算將腫瘤切除消滅，只要過著跟發作之前一樣的飲食生活，還是有可能引發其他癌症。應該將早期發現的癌症當成改變飲食生活的契機，從而改變成過著防癌的飲食生活才是。

二期（第二階段）有轉移到淋巴結的現象，但是僅止於周圍的淋巴結。

三期（第三階段）是深度浸潤（癌細胞侵入正常組織中並擴散蔓延）至腸管壁，而且轉移到遠處淋巴結的狀態。

一旦變成二到三期的「惡性腫瘤」，就要依情況進行手術、抗癌劑、放射線療法或是其他治療。癌細胞轉移到淋巴結，代表即使用手術切除腫瘤，肉眼看不見的癌細胞也會有如「星星之火」一般飛散到其他部位，到處引起大火。

因爲這樣，才要進行抗癌劑和放射線治療，不過如果同時配上飲食療法，就能根本改善造成癌症的新陳代謝。而新陳代謝的改善，能夠輔助治療行爲，抑制癌症的轉移、復發。

四期（第四階段）就是癌細胞轉移到肝臟、肺臟等其他器官，是不可能完全切除

癌症病期別五年生存率

癌症惡化程度\n\n癌症類別	第一期（T1）\n侷限於\n原病灶器官	第二期（T2）\n轉移到原病灶\n周邊淋巴結	第三期（T3）\n浸潤原病灶\n周邊器官	第四期（T4）\n轉移至\n遠隔器官
胃癌	88.6	41.3	9.2	1.3
大腸癌	93.4	63.3	34.1	5.8
直腸癌	86.9	53.7	31.5	5.2
肝癌	24.4	4.3	5.6	3.9
肺癌	52.0	14.8	8.3	2.1
乳癌	96.0	76.5	64.0	18.7
子宮癌	91.2	54.1	46.7	13.1

＊資料來源：日本大阪府癌症紀錄（1993-95年，新通報之病患）

腫瘤（癌細胞集合體）的狀態了。

發展到這種狀態，手術只能局部進行，而且放射線和抗癌劑也無法完全治療，所以只能使用飲食療法。但是就像之前所說的，只要確實進行飲食療法，就有六到七成的改善可能。請千萬不要放棄。

到了四期就叫做「晚期癌症」，如果更加惡化則稱為「末期癌症」，但是原則上我並不使用「末期癌症」這個名詞。因為我親身經歷過許多位被診斷為「癌症末期只剩下幾個月生命」的患者，靠著飲食療法慢慢恢復健康活力的真實案例了。所以我認為還沒進行飲食療法之前，是沒有理由宣告「末期癌症」的。

那麼，下一章就讓我來為大家介紹癌症飲食療法的具體內容吧。

第四章
消除體內癌細胞的飲食法

半年到一年之間是治療關鍵期

一般說到「飲食療法」，大家會有類似「攝取熱量有幾大卡」「蛋白質有幾公克」「脂肪要幾克以下」等等，指示精確數字的印象。但是我所指導的「癌症飲食療法」卻有很大的不同。

我不會針對各種營養規定精確數字，而是告知飲食生活的基本方針，讓患者在範圍內選擇飲食。

所以，患者完全不需要複雜的熱量計算和重量計算。但是就像之前所說的，鹽分、動物性蛋白質和脂肪等等，就要全力限制。另一方面，蔬菜水果（尤其是生菜）則要做成蔬果汁和沙拉來大量攝取。

因此，之前越是蔬菜攝取不足、肉類攝取過量的人（這種人特別容易罹患癌症），要轉變飲食生活就會越感辛苦。

不過每個人的喜好、接受度各不相同，也有人覺得蔬菜水果很難吃，甚至認為「活著不能吃自己想吃的東西，那生命又有何意義？」

這樣想的人還是有辦法可以接受治療。其實「飲食療法」並不需要「一生」遵守嚴格的飲食限制，只要「特定期間」遵守就好了。

我都會像這樣鼓勵這種患者：「堅持個半年一年，最少堅持個一百天都好，加油吧！」「之後就可以慢慢解禁了。就可以吃點肉囉。」即使飲食限制非常辛苦，只要想到「有限期」，就會比較積極一點了。

實際上，只要確實遵守飲食方針，最少半年到一年的時間，體質就會有相當的改善了。就像第一章開頭所介紹的例子，有許多人的檢查報告都顯示病情好轉，所以依然可以看情況慢慢解除飲食限制。

當然，解禁並不代表可以完全回到以往的飲食生活，但是至少可以找回「吃的樂趣」。而且隨著體質改善，以往喜歡的油膩食品會慢慢地不感興趣，而本來討厭的蔬菜也會開始覺得好吃。這樣一來，就能達到原始純粹的飲食境界，體會各種食物所具有的真正美味與意涵。

無論如何，癌症飲食療法的成敗關鍵，就在於一開始的半年、一年中。希望各位最少能努力撐過這段期間。

幾乎無鹽的飲食，用心調理也會變好吃

我所進行的癌症飲食療法基本方針，就列在左頁的圖中。

容我依序說明這八個項目吧。

第一條是「鹽分限制」。不是採用「一天幾公克以內」的標準，而是「盡量不攝取任何鹽分」。如第二章所說的，鹽分會從許多方面促進癌症惡化。

或許有人會擔心，完全不碰鹽分不是對身體不好嗎？確實，我們必須靠鹽分（氯化鈉）來攝取身體所不可或缺的礦物質，鈉。如果鈉的攝取量為零，可是會有生命危險的。

但是一般來說，天然食品、尤其是海藻和魚貝類等海產中，就已充分包含身體所需要的鈉了。就連一百公克的土司麵包，也含有一公克的鈉。如果不是真的做了劇烈運動或大量勞動，汗如雨下的話，那麼除了食品所含的鹽分之外真的不需要攝取多餘鹽分了。也就是說，調味用的食鹽是幾乎不需要的。而且不只是癌症患者，減少鹽分攝取對每一個人的身體都好。

癌症飲食療法的基本方針

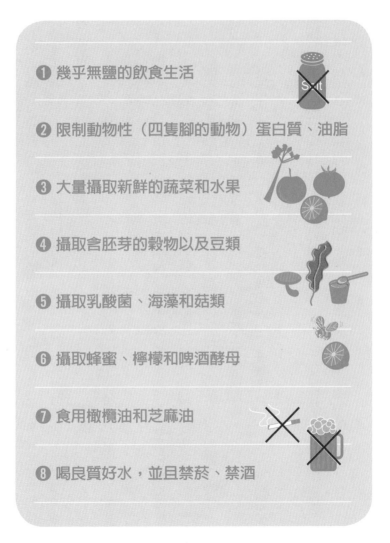

❶ 幾乎無鹽的飲食生活

❷ 限制動物性（四隻腳的動物）蛋白質、油脂

❸ 大量攝取新鮮的蔬菜和水果

❹ 攝取含胚芽的穀物以及豆類

❺ 攝取乳酸菌、海藻和菇類

❻ 攝取蜂蜜、檸檬和啤酒酵母

❼ 食用橄欖油和芝麻油

❽ 喝良質好水，並且禁菸、禁酒

因此在調理食物的時候一律不加食鹽，而實在很想要吃鹹的時候，就加一點點低鈉鹽（鈉含量只有食鹽一半左右的鹽）或薄鹽醬油（鹽分含量只有一半左右的醬油），有味道就可以了。涼拌或生魚片所使用的醬油，就改用薄鹽醬油，並以醋或檸檬汁加以稀釋即可。

這是我本人也正在進行的方法。當我五十歲的時候，為了維護外科醫師所需的重要視力，保證往後進行手術的能力，便開始了少鹽生活。

有報告指出，一旦罹患白內障（眼睛中擔任透鏡角色的水晶體，變得白濁而降低視力的疾病），角膜（位於眼球外壁的透明膜）細胞中的鉀就會減少到正常眼睛的九分之一，而鈉則會提高到二‧五倍。從這份報告可以得知，想要防止白內障等眼球老化疾病，除了要靠蔬菜水果充分補充鉀之外，限制鹽分攝取也很重要。

因此我為自己準備了專用的醬油瓶，在裡面加入一半薄鹽醬油，再用等量的醋加以稀釋使用。

這種「特製醬油」的含鹽量，是一般醬油的四分之一。而且我的用量又少，所以幾乎沒有攝取到鹽分。由於裡面又加了醋，所以味覺上還是相當滿足的。

少鹽的祕訣

2. 一份薄鹽醬油，加半量的醋

1. 一定要有鹹味的話，就使用低鈉鹽或
薄鹽醬油

4. 活用山葵、山椒、紫蘇、薑、蔥等辛
香料與蔬菜，替代調味料

3. 以昆布、柴魚、香菇等熬製高湯，來
替代調味料

　　幸好我靠著這種醬油進行
幾乎無鹽的飲食，如今就算已
經六十三歲，也不需要老花眼
鏡，兩眼視力維持在一‧○。
所以我對必須限制鹽分的癌症
患者強力推薦這些方法。

　　除了醋之外，也可以活
用高湯，或是山葵、山椒等香
料，以及紫蘇、薑、蔥等辛香
蔬菜，這樣即使是薄鹽醬油，
也能做出美味。

　　另外，不只是鹽漬食品，
精製食品、火腿、香腸等食品
也都加了大量鹽分，所以要禁
止攝取這類加工食品。基本

上，食物要盡量選擇新鮮的，並且避免加工製品。

至少半年內禁吃牛肉、豬肉

第二項就是「限制動物性蛋白質、油脂」。

正如之前所提過的，許多研究報告都指出動物性，尤其是四腳步行的動物（牛、豬之類）的蛋白質和脂肪，攝取過量會致癌並促使癌症惡化。

一般來說，醫學上不認為動物性蛋白質有如動物性油脂那般嚴重，但是，前面提到著有《救命飲食》的柯林・坎貝爾教授，則指出「動物性蛋白質是所有食物中致癌性最高的。」美國也有研究報告證實，每天吃肉會讓大腸癌的發病機率增加為二・五倍。

因此我在指導癌症患者的時候，至少在體質改善到某種程度之前，是絕對禁止攝取牛肉、豬肉的，即使雞肉和魚肉也要盡可能避免食用。

所謂「體質改善到某種程度之前」，前面也有說明，就是最少半年，盡量持續一年左右。在這段期間中，只要是牛肉和豬肉，無論是脂肪較多的五花肉還是脂肪較少的瘦肉，一律禁止食用。

而且這段期間中，雞肉和魚肉也要盡力避免食用。不過只要慎選雞肉的部位和魚的種類，那麼一週一次，分量減為平時（發病之前）的一半，還是可以食用的。

雞肉要選擇無皮無油的部分，例如去皮的雞胸肉。

魚肉要避免鮪魚和鰹魚等紅肉魚。鮪魚和鰹魚的紅肉，會產生用來搬運氧氣的「血紅素（hemoglobin）」和「肌紅素（myoglobin）」成分。健康的人攝取這些成分可以補充鐵質，還算健康，但是這些成分很容易氧化，所以我不推薦身體敏感的癌症患者食用。

之前曾經有一位罹患無法切除的食道癌的患者（六十幾歲的男性），開始飲食療法之後兩個月，情況大幅改善，腫瘤縮小了七五％。由於過程非常順利，在早春便回家療養，結果隔年一月他又開始吃他最喜歡的鮪魚腹肉，並喝了日本燒酒，而中斷了飲食療法。結果癌症猛然復發，四個月後就不幸過世了。這個案例讓我深切感受到飲食指導的重要性，以及身為醫師的不慎。

所以在敏感時期的癌症患者，是不該吃紅肉魚的。鮪魚和鰹魚就像牛肉和豬肉一樣，最少要經過半年之後，才能選擇新鮮肉品少量攝取。

反之，比較推薦食用的魚類則是被稱爲「冷水魚（生存水溫較低的魚）」的鰈魚、比目魚、鱈魚、鮭魚等等。附帶一提，鮭魚屬於白肉魚，產卵期的肉質呈現紅色，是源自於名叫蝦紅素（Astaxanthin）的抗氧化物質（能夠防止氧化的物質），跟鮪魚紅肉的成分不同，反而能夠幫助抗癌。

屬於「青背魚」的「沙丁魚、竹筴魚、秋刀魚、青花魚」等等，含有現代人普遍缺乏的n—3系脂肪酸「EPA」和「DHA」，這點相當不錯；但是其紅肉一樣含有許多前面提到的「血紅素」和「肌紅素」。因此攝取這種青背魚要盡量選擇新鮮的，少量食用比較好。

此外像是魷魚、章魚、蝦類、蟹類，也是可以少量攝取的。

另外，魚貝類的內臟含有牛磺酸、多種酵素、新陳代謝物質，據說對身體有正面作用。所以我建議整隻食用螢魷魚、銀魚、泥鰍等小魚，但是醃沙丁魚和醃魩仔魚等鹽漬魚，請少量食用。

一天吃一顆優質的雞蛋

就廣義層面來說，雞蛋也包含在肉食中，但是只要選擇優質品，一天吃一顆是可以的。

「雞蛋含有很多膽固醇，會增加體內的LDL膽固醇（壞膽固醇）」「雞蛋會引發過敏」有很多人把雞蛋當成壞東西，但是它其實是營養均衡的健康食品，只要適量攝取就不會有問題。

不過真正的問題在於品質。盡量不要選擇養雞場的飼料雞所生的蛋，請選擇放山雞（平地放養亦可）這種吃著五穀、貝殼，健康生活的雞所生的蛋。有報告指出雞蛋之所以使人過敏，是因為雞飼料中所使用的魚粉，含有氧化脂肪之故。這種飼料雞所生下的雞蛋含有氧化成分，所以對癌症患者來說不適合食用。

最近有些產品附上了各種身分標籤，可以查出從生產、加工到銷售通路等各種資訊。這種系統叫做「可追溯」系統。

只要注意雞蛋的包裝，看看處理廠商和產地的資訊，就可以選到品質優良的雞

蛋。健康飼養的雞所生下的蛋價格會比一般昂貴，但是便宜的雞蛋對身體並不好，所以選擇時請以品質為要。

另外，不管雞蛋品質有多優良，膽固醇依然很高，所以請遵守一天一顆的基本量。

癌症飲食療法首重大量攝取蔬果汁

第三項是「大量攝取蔬菜水果」。其中大部分是以「新鮮蔬果汁」的型式來攝取。

癌症飲食療法之所以要攝取大量蔬菜水果，有幾個理由。

首先如第二章所說，想要改善癌症，就必須控制鹽分，同時注意攝取鉀。新鮮的蔬菜水果中含有豐富的鉀，所以每天攝取是很重要的。

第二，新鮮的蔬菜水果中含有屬於多酚的類黃酮（Flavonoid）、胡蘿蔔素、維生

素C、葉綠素、葉酸、屬於抗氧化物質的硫化物，也就是說，蔬果含有許多可以消除致癌因素活性氧的成分。這些成分被稱為植物化合物（Phytochemical，Phyto 在希臘文中是「植物的」，chemical 則是「化學物質」的英文），近年來成為對抗癌症與生活習慣病所不可或缺的元素，而受到矚目。大量攝取蔬菜水果的目的，也包含了補充植物化合物。

第三，大量攝取蔬菜水果，也是為了補充抗氧化物質。而且新鮮的蔬菜水果中，含有各種高活性的酵素。這些酵素可以幫助恢復體力，提高消化力和免疫力。

以上的成分中，酵素和維生素C等養分會因為加熱而失去功用。所以蔬果盡量在生鮮狀態下食用較理想，但是生菜又實在難以下嚥，因此才要盡量打成蔬果汁飲用。

攝取大量蔬菜水果，是癌症飲食療法的關鍵所在。開發了星野式葛森療法（詳情參見第一章）的星野仁彥醫師甚至還說過：「大量蔬菜水果可以取代抗癌劑。」

為了達成抑制癌症、改善癌症的目標，分量可不能打馬虎眼，一天一定要喝一‧五到二公升的現打蔬果汁才合格。但是也不用全都打成汁，一半或一部分用吃的也可以。也就是說，一天最少要喝一公升的蔬果汁。

附帶一提，像我每天都會對住院患者提供三百五十公克的蔬菜料理，其他要求進行飲食療法的患者，我則提供五百到一千毫升的蔬果汁。

除了打成汁以外，也可以做成生菜沙拉、根莖類可磨成泥等，以這些方法來生吃，是最為理想的，不過部分蔬菜還是可以進行川燙、煮湯等加熱調理。

蔬果汁請不要先打好放著備用，要現打現喝。

蔬菜水果基本上請選擇無農藥或低農藥的種類。好不容易吃了有益健康的大量蔬菜水果，要是噴灑過農藥，反而有害健康。無農藥、低農藥的蔬果雖然昂貴，但健康卻是無價的。

蔬菜水果請盡量挑選應時的種類，從中搭配多種材料食用。

攝取大量蔬菜水果，是癌症飲食療法的關鍵所在

例如蔬菜中的高麗菜、萵苣、芹菜、菠菜、油菜、茼蒿、白菜、青江菜等葉菜；番茄、小黃瓜、青椒、花椰菜和花菜等果菜；胡蘿蔔、白蘿蔔、蕪菁、洋蔥等根莖類，什麼都可以。

水果有檸檬、橘子、葡萄柚等柑橘類；蘋果、奇異果、香蕉；季節性的草莓、柿子、葡萄、西瓜、哈密瓜等等，請挑選自己喜歡又容易購買的種類食用。

其中，第二章介紹過的檸檬含有豐富檸檬酸，對癌症飲食療法來說是非常重要的食物。之後會詳細說明，一天基本上要吃兩顆檸檬才算標準。

也可以看季節攝取其他水果。直接吃也好，打成現榨果汁也好，跟蔬菜一起做成蔬果汁也好，請多試試幾種方法吧。

從效果來看，我推薦抗氧化物質和維生素特別多的葉菜（白蘿蔔葉、菠菜、油菜、茼蒿等等）與胡蘿蔔的現打蔬菜汁。如果嫌光放蔬菜口感不佳，那麼搭配蘋果跟柑橘類，味道就會變好了。

在打汁的時候請勿使用攪拌式果汁機，改用榨汁機。因為榨汁機比較不像果汁機那樣，會將有效成分給打得粉碎。其中我最推薦的，就是不須切割蔬果就能榨汁的「壓式榨汁機」。

使用大型壓式榨汁機的作者

我自己就有一部柑橘類專用的壓式榨汁機，用起來非常方便，可說是我的寶貝。

附帶一提，我現在每天早上都會用這部榨汁機，將兩顆葡萄柚和兩顆檸檬榨成果汁，再加上兩匙蜂蜜來喝。

各位請試著組合前面的方法，來大量攝取蔬菜水果吧。

例如決定「早上不吃早餐，改喝大杯蔬果汁」「白天只吃生菜沙拉和新鮮水果」「晚上喝胡蘿蔔汁配蔬菜泥」之類的固定模式，養成習慣之後就不會那麼辛苦了。

主食是糙米和全麥麵包

第四項是「攝取含胚芽成分的穀物和豆類」。

說得明白一點，就是「多吃糙米和全麥麵包，攝取穀物的『胚芽成分』，以及豆

糙米和白米的差別

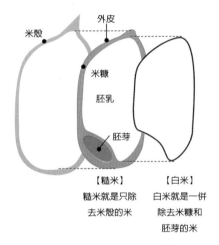

外皮

米殼

米糠

胚乳

胚芽

【糙米】　　【白米】

糙米就是只除　白米就是一併

去米殼的米　　除去米糠和

胚芽的米

假設糙米成分為 100 時，與白米的比較圖

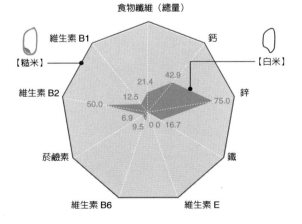

食物纖維（總量）

維生素 B1　　　　　　鈣

【糙米】

維生素 B2　　　　　　　　　　鋅

21.4　42.9

12.5　　　75.0

50.0

6.9

9.5　0 0　16.7

菸鹼素　　　　　　　　　鐵

維生素 B6　　　維生素 E

【白米】

類。」

米和麥的胚芽部分，含有許多讓植物發芽所需的營養素和酵素。像是現代飲食生活所缺乏的維生素 B$_1$ 等維生素 B 群、維生素 E、屬於抗氧化物質的木酚素（lignan）和植酸（phytic acid），以及改善腸內環境的食物纖維。

無論哪一種成分，都有助於改善癌症病情和體質。

去除胚芽之後的白米和小麥，做成米飯和麵包，雖然口感不錯，但是營養成分盡去只能說是殘渣而已。請不要白白浪費了這麼寶貴的營養素，多吃含有豐富營養胚芽的糙米和全麥麵包吧。

另外，糙米是打掉米殼，留下外皮和胚芽的米，而胚芽米則是再打掉外皮的米。外皮也含有營養成分，所以胚芽米的營養價值比糙米差；但是對於沒辦法接受糙米的人，或是消化、吸收能力較差的人來說，也可以選擇胚芽米。

另外，最近市場上還出現了讓糙米發芽所製成的發芽糙米。發芽糙米不僅含有發芽時才會活化的酵素，還具有比糙米柔軟，容易食用的優點。

不過無論是糙米、胚芽米還是發芽糙米，有一點一定要注意，那就是農藥的問題。尤其是穀物在栽種時所使用的農藥，主要累積在胚芽部分。所以挑選糙米和胚芽

米必須比白米更小心，農藥含量要更低。全麥也是一樣。

另外，我推薦以各種地瓜和芋頭來搭配主食。馬鈴薯、地瓜、芋頭、山芋等等，每一種都含有豐富的食物纖維，還有少量卻多種類的維生素、礦物質。

這些蔬果也同樣要挑選低農藥、無農藥的品種，因為這全都是癌症飲食療法中相當有用的食物。

大豆異黃酮有助於抑制癌症

繼蔬菜、水果、穀物之後，癌症飲食療法的下一個重點，就是大豆。

大豆含有豐富的養分「大豆異黃酮」（Isoflavone），是類黃酮素·多酚的一種。

根據京都大學榮譽教授家森幸男博士的研究顯示，大豆和大豆製品（納豆、豆腐、豆漿等等）中含有異黃酮，只要血液中的異黃酮含量增加，就能達到抑制乳癌和攝護腺癌的效果。

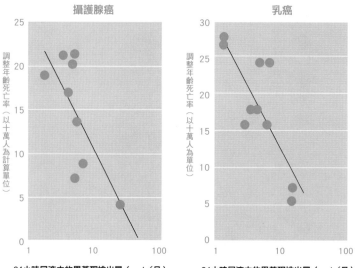

大豆異黃酮抑制癌症的效果

攝護腺癌

乳癌

調整年齡死亡率（以十萬人為計算單位）

24小時尿液中的異黃酮排出量（mol／日）

調整年齡死亡率（以十萬人為單位）

24小時尿液中的異黃酮排出量（mol／日）

＊摘自京都大學榮譽教授家森幸男博士之研究

乳癌和攝護腺癌是因性荷爾蒙分泌而增長（沒有性荷爾蒙則不會發病）的「荷爾蒙依賴性」癌症。女性荷爾蒙中的雌激素（estrogen）會引發乳癌，男性荷爾蒙中的雄激素（androgen）會引發攝護腺癌，所以這些激素越少，就越不容易致癌。

大豆異黃酮也被稱為「植物性雌激素」，具有類似女性荷爾蒙的構造。另一方面，雌激素和雄激素在構造上又非常類似，所以大豆異黃酮也可說是男性荷爾蒙的「明星臉」。

當乳癌和攝護腺癌增殖的

時候，這些癌細胞所具有的性荷爾蒙中的接受體（receptor，結合所需的，類似「插座」的部分）會與雄激素或雌激素結合。但是如果體內含有豐富的大豆異黃酮，那麼構造類似的異黃酮就會搶走癌細胞的接收端。就好像大風吹遊戲一樣，椅子被搶走之後，雄激素或雌激素就會無法與癌細胞結合了。

大豆異黃酮就是用這樣的機制，來發揮抑制乳癌和攝護腺癌的功效。有研究報告指出，基本上一天習慣吃兩塊豆腐，或是攝取等量的納豆或豆漿，就可針對這些癌症發揮達到八成左右的抑制效果。

雖然大豆跟乳癌、攝護腺癌的關係很密切，但是異黃酮這種抗氧化物質，其實對抵抗所有癌症都有一定的功效。況且大豆中還含有豐富的維生素 B 群、維生素 E、食物纖維等等，是優質的保健食品。

另外，大豆和大豆製品中的植物性蛋白質，在癌症飲食療法嚴格限制攝取動物性蛋白質的情況下，是打造身體組織素材的珍貴來源。所以無論罹患哪種癌症，大豆都是飲食療法中極為推薦的食物。

豆腐、納豆、豆皮、豆漿等大豆製品，還有清淡口味的煮大豆，每天最少要吃一樣才好。尤其是罹患乳癌或攝護腺癌的人，最好每天吃更多一些這大豆製品。

活用穀物克服了無法手術的攝護腺癌

提到攝護腺癌，就不能不說這個讓我難以忘懷的病例。二○○二年秋天，我收到了美國留學時期的恩師所發的電子郵件，他是德州大學的詹姆斯・湯普森教授。電子郵件的內容是說，湯普森教授「罹患了第四階段（四期）的攝護腺癌，醫師診斷只剩下半年生命了」。

由於癌細胞已經轉移到淋巴結，所以無法切除，大動脈周圍也發現了好幾個四公分大的轉移腫瘤。

當時我還沒有確認現今介紹給各位的這樣完整的飲食療法，所以只好請教在學習癌症飲食療法中所認識的、德高望重的甲田醫院的甲田光雄院長，甲田院長很快地就將飲食療法的處方箋傳真給我了。

處方箋的內容是不吃早餐，午餐和晚餐改成葉菜（菠菜、高麗菜、油菜等五種以上）榨汁加檸檬汁，還有根莖類（白蘿蔔、胡蘿蔔、山芋）磨成泥，糙米粉，豆腐半塊，啤酒酵母營養劑（詳情參見後述「習慣性攝取蜂蜜・檸檬・啤酒酵母」）等等。

詹姆斯‧湯普森教授（圖右）與作者合影

我馬上將這份處方箋翻譯成英文，以電子郵件和傳真方式送給湯普森教授，結果他回覆說「這我實在辦不到」。話雖如此，他還是下定決心盡量食用蔬菜，回信寫道：「早餐跟午餐改吃水果、麥片（穀物加工食品）、優格。」再加上當時哈佛大學有研究報告指出，番茄的茄紅素（胡蘿蔔素的一種，是番茄呈現紅色的成分來源）有助於抑制攝護腺癌，所以教授也開始積極吃起番茄。

教授一邊採取這樣的飲食模式，一邊接受每個月一次的荷爾蒙注射，半年之後攝護腺癌的腫瘤標記（罹患癌症時，血液中含量就會增加的一種物質，可作為癌症診斷指標）PSA（單位是 ng／ml，數值達到五以上就有致癌危險），便從一六二急遽降為三。而且原本多達四公分的淋巴結也縮小為一公分，癌症痊癒了。

後來教授給了我一封非常開心的郵件，內容是說：「我的 PSA 回到正常數值了。主治醫師也說我的淋巴結縮小成四分之一，癌症已經痊癒了。我要感謝上帝和你啊。」往後，教授又活了六年之久。

糙米之類食物的攝取當然是盡量嚴格遵守最好，但是實在辦不到的話，像湯普森教授一樣改吃穀物碎片，也是可行的替代方案。

此外，我的朋友中也有PSA快速下降的例子。他在一次Screening檢查（廣泛篩檢疾病的一次性檢查）中發現PSA快速上升至五左右。於是在我的指導之下，他進行了以糙米蔬菜和豆腐爲主的飲食療法，兩週之後PSA就降到二，四週之後更降到一·三七，十個月之後變爲〇·八九，恢復到無須擔心的狀態了。

乳酸菌是擊退壞菌的「天然免疫活化劑」

第五項是「攝取乳酸菌、菇類、海藻」。

這三樣食品有一個共通點，那就是「可以提升免疫力」，可以說是「天然免疫活化劑」。

讓我從其中最重要的乳酸菌開始說起吧。

我們的腸道中，棲息著多達三百種約一百兆個的腸內細菌。這些腸內細菌包含有益健康的好菌群，和引發疾病的壞菌群，這兩種細菌總是不斷地「搶地盤」。如果壞菌群繁殖的較多，它們製造出來的毒性物質和細菌毒素就會引起各種疾病和不適，還會促進癌症（尤其是大腸癌）發作。

反之，如果好菌繁殖的較多，就會抑制壞菌繁殖，達到抗癌的效果。而且好菌還能成為抵擋外來病菌的防護罩。

具有這種功能的代表性好菌，就是乳酸菌。乳酸菌不是單一菌種，而是以糖分作為養分，產生大量乳酸的細菌，都稱為乳酸菌。比方說大家熟知的雙叉乳桿菌（Lactobacillus bifidus，比菲德氏菌，或稱 B 菌）、保加利亞乳酸桿菌（Lactobacillus bulgaricus）、嗜高溫鏈球菌（streptococcus thermophilus），以及嗜乳酸桿菌（Lactobacillus acidophilus，A 菌）等等這些都是好的乳酸菌。

壞菌大多討厭酸性環境，在酸性環境中比較不容易繁殖。乳酸菌越多，腸內環境酸性越高，因而能夠抑制壞菌的繁殖和活動。

最近有研究指出，乳酸菌本身的菌體成分會刺激人體，分泌更多具有重要免疫功能的干擾素（Interferon），讓攻擊體內癌細胞的 NK（自然殺手）細胞更加活化。

因此想要抑制癌症，盡量增加腸內乳酸菌就會是很重要的事情了。而最具體又最有效的方式，就是攝取含有各種乳酸菌的優格。

這種用優格來補充好菌、抑制壞菌的方法，叫做「益生菌（probiotics）」。另一方面，補充好菌所需要的食物纖維和寡醣，間接促進好菌繁殖的方法，則叫做「益菌生（prebiotics 或稱益生素）」。寡醣屬於難以被人體消化吸收的醣，大豆、蜂蜜、洋蔥中的寡醣含量都很豐富。

在癌症飲食療法中要求攝取大量蔬菜、海藻、大豆、蜂蜜等等，本身就有「益菌生」的效果。因此進一步攝取優格，搭配「益生菌」的功效，就可以有效增加腸內好菌，發揮強大的抗癌力量。

另外在第二章也提到過，我認為積極攝取優格，可以幫助抑制胃癌原因之一的胃幽門螺旋桿菌滋生。

優格含有豐富的鈣、鉀、維生素 B 群等，也有調整體質、維持體力的效用。

因為這些好處，我在進行癌症飲食指導的時候都會建議患者「請務必食用優格」。理想上每天要吃四百到五百公克，但是要吃足這個分量或許有些辛苦，所以我會多加一句叮嚀「每天最少三百公克」。

注意攝取的質和量，牛奶和乳製品也是健康食品

這裡我要稍微改變話題，因為有很多人對優格之類的乳製品抱有疑慮，所以容我先做點說明吧。

對於優格的原料，也就是牛乳，最近出現了肯定與否定兩派意見，所以有不少人為此感到迷惘。

我認為，這個問題的關鍵在於「品質」和「分量」上面。

牛乳是富含鈣質等營養素的天然健康食品，但是它也含有許多乳脂肪，過量攝取反而會增加肥胖、脂肪異常症狀（高血脂症＝血液中脂肪含量過多的疾病）的風險。

我現在雖然每天中午都一定會吃五百毫升的優格，但是一開始其實是喝牛乳的。

因為我尊敬的外科醫學老師，五十年來午餐只吃牛奶和蘋果，即使九十歲高齡還是活蹦亂跳；我對這點深感敬佩，所以自己五十歲時也開始吃起一樣的午餐來。

但是當我每天午餐改吃一顆蘋果和一公升牛乳之後，只要一喝牛乳，肚子就開始

作怪，而且半年之內就胖了四公斤。所以我把午餐內容換成吃一顆蘋果和喝五百毫升的優格，後來肚子便不再作怪，體重也恢復正常，身體健康許多。

牛乳之所以讓肚子不舒服，其實是因為體內酵素不足以分解牛乳中所含的乳糖。這種症狀稱為「乳糖不耐症」。近年來藉由基因分析，發現了一種叫做「高加索基因」的基因，才知道擁有這種基因的人便不會有乳糖不耐的症狀。

北歐和美國有許多人擁有這樣的基因，所以喝再多牛乳都沒事，但是亞洲人大多沒有這種基因，據說八成的亞洲人有乳糖不耐症。

但是優格的乳糖已經有一半左右被分解掉了，所以乳糖不耐症的人也可以輕鬆飲用。而且即使製品種類不同，一般優格的熱量依然比牛乳要低，所以也比較不用擔心發胖的風險。

此外，優格還有前面所提到的增加腸內好菌，提高免疫力的效果，這些都是牛乳所沒有的。所以我才會建議「適量攝取優格」。

不過，無論是牛乳或優格，都要選擇健康牛隻所生產的牛乳才行。乳牛如果吃了人工魚粉脂肪等不健康的飼料，或是施打了荷爾蒙和抗生素，這都會影響到牛隻的健康狀態，所以請參考前述雞蛋選擇方法所說的「可追溯」系統，選擇來源清楚的良質

產品。

尤其是身體較為敏感的患者，請務必選擇來源確實的產品。

無論是雞蛋還是優格，都是有別於一般肉食的「天然健康食品」，甚至有些素食主義者也吃雞蛋喝牛乳，所以只要在「適量（三百公克左右。注意勿攝取過量）攝取優質品」的合理範圍下，請務必攝取這些食物。

可強化免疫力

菇類的 β- 葡聚糖和海藻的褐藻糖膠

說完了優格之後，同樣具有強大免疫活化能力的食物，就是菇類和海藻了。

香菇等菇類含有名叫「β- 葡聚糖」的免疫活化物質。

有部分的 β- 葡聚糖被當成藥品，一開始是注射用的癌症治療藥物。我們也曾經用過這種藥物，但是很可惜地，效果並不明顯，尤其對惡化中的癌症來說更是毫無用處。不過最近有人以奈米科技（控制物質在原子等級下的技術）開發出 β- 葡聚糖微

粒子的營養品，只要服用這種營養品，淋巴球就會增加，提升免疫力。

雖然平時吃香菇不能達到這樣的效果，但是我認為一樣可以攝取 β-葡聚糖，提高免疫力。

另一方面，海藻類也含有活化免疫力的「褐藻糖膠」。褐藻糖膠可以促進身體生產免疫物質介白素（interleukin）。

無論是海藻還是菇類，都含有豐富的食物纖維，從前面提到的「益菌生」觀點來說，是跟蔬菜同樣值得推薦的食品。每天用餐時請務必多多食用。

習慣性攝取蜂蜜‧檸檬‧啤酒酵母

第六項是「攝取蜂蜜‧檸檬‧啤酒酵母」。

自古以來，蜂蜜就是滋補養生的優良食品。含有多種維生素、礦物質和寡醣，以及許多花粉。目前已知蜂蜜中所含的花粉也能活化免疫力。

因此在癌症飲食療法中，我會建議患者每天攝取兩大匙左右的蜂蜜。可以加入蔬果汁中，也可以代替砂糖拿來煮菜。

不過，蜂蜜當然也要選擇優良的種類。最近有些蜜蜂可能會採集到有農藥的植物花粉，或是進口蜂蜜本身就含有抗生素，要特別注意。

我最推薦的，就是從紐西蘭原生樹種「麥盧卡樹」的花中所採集的「麥盧卡蜂蜜」。紐西蘭禁止對牧草地區使用農藥，所以麥盧卡蜂蜜有很高的品質保證。

除了蜂蜜之外，檸檬也是需要每天攝取的食物。

檸檬含有維生素 C、檸檬酸、多酚、鉀等許多有效成分。正如之前所說，每一樣都是抑制癌症所不可或缺的重要成分。

基本上，每天攝取兩顆檸檬才算標準。可以榨汁加入蔬菜汁中，也可以榨成檸檬汁配蜂蜜飲用，還可以切片用蜂蜜醃漬，當點心吃。

檸檬請選用無農藥的品種，至少也要低農藥才行。

除了上面兩項之外，第三項推薦癌症患者食用的，就是啤酒酵母（例如日本胃腸藥愛表斯錠【EBIOS】）。之前介紹的都是天然食品，只有這裡提到的愛表斯錠才是醫療食品。

甲田療法（詳情參見第一章）中也使用這項藥品，我就是從這裡得到靈感，才加入自己的癌症飲食療法中。當時我想知道爲什麼甲田療法中要使用這樣東西，經過一番調查，才發現這樣東西足以加入癌症飲食療法的確切證據。

酵母可說是存在於蔬食與肉食之間的東西。因此它沒有動物性蛋白質的壞處，同時又比植物性蛋白質更接近動物性構造，所以胺基酸較爲均衡。

蛋白質的「品質」（指容易被人體吸收利用），取決於其成分胺基酸是否均衡。一般來說，肉食的胺基酸比蔬食要來得均衡，人體也比較容易吸收利用，但是也有著容易致癌的問題。

愛表斯錠就是取植物性蛋白質和動物性蛋白質兩者的優點，所發展出來的醫療食品。因此對於必須嚴格限制肉食的癌症患者來說，是飲食療法的最佳食品之一。

所以在我的癌症飲食指導中，會請患者早晚各服用十顆，一天服用二十顆的愛表斯錠。

活用橄欖油和芝麻油來平衡脂肪酸

第七項是「活用橄欖油和芝麻油」。

本章開頭就說過，要嚴格禁止攝取動物性油脂（四腳行走動物的脂肪），但是植物性油脂也必須多加注意。

脂肪是由「脂肪酸」這個物質所構成的，而脂肪酸的種類，會大大影響該脂肪對身體的作用。

四腳動物的脂肪含有許多「飽和脂肪酸」，植物性油脂和魚油則主要由「不飽和脂肪酸」所構成。前者在室溫之下為固體，後者在室溫之下則是液態。

而且，不飽和脂肪酸又會依據「雙鍵」的位置和數量做分類，大致上可以分成橄欖油、芝麻油、菜籽油、新式紅花油中含有的「單元不飽和脂肪酸」；玉米油、棉花籽油、大豆油、葵花油、老式紅花油中含有的「n—6系多元不飽和脂肪酸」；紫蘇油、荏胡麻油、亞麻仁油、魚油中含有的「n—3系多元不飽和脂肪酸」。選擇油品最重要的，就是不極端偏向攝取其中一種，盡量均衡攝取才健康。

但是現代人的飲食生活中，屬於n—6系多元不飽和脂肪酸的亞麻油酸（Linoleic acid）之攝取量非常高。最大的理由，就是需要用到油的加工食品、外食、點心餅乾等等，都會使用含有大量亞麻油酸的植物油。

亞麻油酸是身體必須適量攝取的「必需脂肪酸」（指身體無法自行合成，需要從外界食物獲得的脂肪酸），如果缺乏亞麻油酸就會引發皮膚病症，但是攝取過量則會發生問題。最近有說法指出，極度偏向 n—6 系多價不飽和脂肪酸的飲食生活，是增加癌症等生活習慣病風險的原因之一。

想要矯正這種錯誤習慣，除了要注意各種植物性油脂不得攝取過量之外，還要減少 n—6 系多元不飽和脂肪酸含量較高的一般植物油，盡量提高 n—3 系多元不飽和脂肪酸與單元不飽和脂肪酸的攝取比例。

尤其是癌症患者在選擇植物性油脂上，我推薦紫蘇油、亞麻仁油。不過這兩種油加熱之後容易氧化，所以原則上最好不要加熱，拿來作為醬汁使用。至於一般可以加熱調理的油，我則推薦比較不容易氧化的橄欖油和芝麻油。

然而就脂肪酸來說，最近則出現了與以上不同的新問題，那就是受人矚目的「反式脂肪酸」。雖然有些反式脂肪酸是天然產物，但是目前我們周遭食品中所含有的反式脂肪酸，大部分都是在食品加工過程中所產生的。

為了使液態的不飽和脂肪酸凝固，在其中添加氫使其成為飽和脂肪酸的過程中，就會產生反式脂肪酸；人造黃油、起酥油（在各種油脂中混入氣體所製造的豬油替代

品）、小點心、薯條、加工起司等食品中都含有大量反式脂肪酸。

反式脂肪酸會增加 LDL 膽固醇，提高動脈硬化的危險，同時還會因為前面提到的機制，弱化巨噬細胞的活性，降低免疫功能。

歐美國家在幾年前就已經提出有關反式脂肪酸的規範了。最近在日本，也開始有自動自發進行規範的跡象出現。尤其是在癌症飲食療法中，應特別避免食用反式脂肪酸含量較多的食品。

另外，起司是將牛乳中之乳糖幾乎完全分解，有助消化的優良乳製品，但是考慮到反式脂肪酸的問題，還是食用天然起司會比較好。

飲用天然水或乾淨好水

飲食方針的最後一項，就是要談水的問題。

水分是新陳代謝所不可缺乏的元素，成人體內一天要交替使用兩公升左右的水。

而用什麼方式攝取水分，則是個重要的問題。

日本是世界上少數幾個能夠從水龍頭直接飲用自來水，而且水質安全又乾淨的國家之一。應該有許多日本人每天都從水龍頭取水飲用吧。

但是考慮到健康，尤其是考慮到癌症飲食療法的話，我就不建議直接飲用自來水了。因為自來水中添加了氯和氟，飲用這樣的水會在體內增加活性氧。

不只是癌症患者，就連其他患者或是老年人，也應該盡量避免飲用自來水，而要改成飲用天然水。如果住家附近沒辦法取得天然水源，可能就要購買瓶裝天然水，雖然比較花錢，但是我想這也是不得已的。

如果真的無法購買天然水，那就請安裝高性能的濾水器，飲用過濾後的水吧。

在癌症飲食療法中，會飲用大量的蔬果汁，所以應該不需要喝太多水，但是要直接攝取水分的時候，請務必飲用天然水或是經濾水器過濾的淨化水。泡茶和泡咖啡的時候也是一樣。

除了以上八個項目之外，戒菸和戒酒也很重要。

雖然有人說，適量飲酒對身體健康的人來說是好事，但是對癌症患者來說，至少在病況好轉之前是不准飲酒的。因為酒精會破壞消化管壁，而且還會提高食品中有害物質與致癌物質的吸收率。尤其對食道癌和咽喉癌患者來說，酒精更是一大致癌要

素。而且酒精還會傷害肝細胞，妨礙肝臟的解毒（中和毒素的作用）和代謝等功能，所以要絕對禁止飲酒。

當病情好轉，病況穩定之後，一週就可以適量飲酒一次了。請抱著這個目標，至少戒酒半年到一年吧。

至於香菸，更是癌症與生活習慣病的好夥伴，百害而無一利，所以戒菸可是重要的前提。

堅持到打從心底覺得「有做真好」為止

濟陽式癌症飲食療法，並不需要精密的熱量計算，因為只要確實遵守規則，自然就會達到低熱量飲食了。一天所需熱量大概只要一五○○到一六○○大卡吧。

療法中嚴格禁止肉食，因此可能會有人擔心「營養攝取均衡嗎？」，但是實際上並沒有人因為飲食療法而極端爆瘦，或是搞壞身體的。反而是進行飲食療法之後，甩

掉了多餘的體重，或是暫時瘦下來，不久又回到正常穩定的體型，越來越健康的大有人在。此外，近年來快速增加罹患率的新陳代謝症候群（metabolic syndrome），也可以靠飲食療法達到不錯的療效。

我認為種種現象都是新陳代謝和腸內細菌正常化的結果，廣義來說，也是營養均衡的結果。

已經確實接受受現代醫學癌症治療的人，可以參考本書，將這套飲食方針當成家庭療法來使用。或是之前接受過癌症手術成功切除腫瘤，想要防止復發的人，也可以用這套方法當作居家療法。

但是想要用飲食療法來改善無法動手術的癌症時，請一邊參考本書內容，一邊接受專家的醫學指導。如果是原本就有使用癌症飲食療法的醫生當然最好，有困難覺得時，也可以尋求已有實際成效的飲食養生專家指導。處在這種情況的人請務必定期接受醫學診斷檢查，同時進行飲食療法。

在癌症飲食療法中，患者本身擁有不依賴醫師的積極求生意志，「一定會好轉」的信仰，是非常重要的。而且要有心理準備，一旦開始執行飲食療法，就絕對不放棄。如果途中放棄，之前的努力都將付諸流水。「還好我有嘗試」「還好我有撐過來」

在打從心底這麼想之前，請努力堅持下去。

本章最末特以彩色照片為大家示範，五天共十五餐「濟陽式癌症飲食療法」具體的食譜。目前正在和癌症對抗的患者和家屬，以及未來想要防止癌症的人，請務必參考食譜內容，依家庭及個人的狀況調整，並以此為原則身體力行。

防癌・抗癌・排毒好代謝
五日營養食譜
※各種蔬菜汁的做法，就是將所有材料放進榨汁機級榨即可。

食譜
調理＝堀江ひろ子（料理研究家）
監製編修＝濟陽高穗
攝影＝久保田 健
設計師＝古澤靖子

以下介紹的食譜，是根據濟陽式癌症飲食療法所訂出來的
5 天 × 早・中・晚餐＝ 15 餐份的食譜。請試著以這份食譜，
配合個人的家庭狀況來調整成適合自己的飲食。

第一天 早餐

⊙馬鈴薯餅　⊙玉米炒蛋　⊙蔬菜濃湯
⊙蔬果汁　⊙奇異果優格　⊙全麥麵包

1 人份總熱量 757 大卡
1 人份總鹽分量 2.1 公克
※包括一塊全麥麵包

馬鈴薯餅

1 人份熱量：90 大卡　　鹽分：0.1 公克

材料（2 人份）
- 洋蔥…1/4 顆
- 橄欖油…1 小匙
- 馬鈴薯…1 大顆
- 起司粉…1 大匙
- 胡椒…少許
- 胡蘿蔔泥…1 大匙
- 麵粉…1 大匙
- 巴西里碎末…1 大匙

做法
❶ 洋蔥與胡蘿蔔切碎，淋上橄欖油，用微波爐加熱 3 分鐘。
❷ 馬鈴薯去皮，泡水去渣之後將水瀝乾，切絲裝入大碗中，與❶及其他材料攪拌混合。
❸ 用湯匙將❷放入平底鍋中，兩面煎熟即可。

玉米炒蛋

1 人份熱量：139 大卡　　鹽分：0.5 公克

材料（2 人份）
- 雞蛋…2 顆
- 玉米醬…1/2 杯
- 胡椒…少許
- 橄欖油…1 小匙
- 小番茄…4 顆

做法
❶ 將雞蛋打散，加入玉米醬和胡椒攪拌均勻。
❷ 將橄欖油平均抹在平底鍋中，加溫之後加入❶，一邊攤平一邊用中火炒軟，即完成炒蛋了。
❸ 最後搭配小番茄裝盤。

蔬菜濃湯

1 人份熱量：82 大卡　　鹽分：0.4 公克

材料（2 人份）
- 洋蔥…1/2 顆
- 大蒜…1/2 瓣
- 芹菜…3 公分
- 高麗菜…1 片
- 胡蘿蔔…3 公分
- 橄欖油…2 小匙
- 水…2 杯
- 高湯粉…1 小匙
- 月桂葉…一片
- 胡椒…少許
- 義大利麵（短麵）…10 公克
- 無鹽番茄汁…1/2 杯

做法
❶ 將洋蔥、大蒜切薄片，芹菜去芯，從細部開始切成薄片，粗部則切成兩半。高麗菜切成 1 公分方塊。胡蘿蔔切成扇形片。
❷ 在鍋中倒入橄欖油，加入❶的洋蔥和大蒜炒香，再加入芹菜、高麗菜、胡蘿蔔。油炒開之後加入水、高湯粉、月桂葉，煮滾之後加入義大利麵，邊煮邊去渣，麵條煮軟之後加入番茄汁和胡椒即可。

蔬果汁

1 人份熱量：67 大卡　　鹽分：0 公克

材料（1 人份）
- 花椰菜…1/2 大顆
- 蘋果…1/2 顆
- 奇異果…1 顆
- 檸檬…1/6 顆

奇異果優格

1 人份熱量：115 大卡　　鹽分：0.1 公克

材料（1 人份）
- 純優格…150 公克
- 奇異果…1/2 顆

第一天 午餐

⊙蘿蔔湯　⊙風味油菜　⊙薑泥油豆腐
⊙蔬果汁　⊙優格　　　⊙發芽胚芽飯

1 人份總熱量 679 大卡
1 人份總鹽分量 1.1 公克
※包括半合分量的發芽胚芽米（一合為 180 毫升）

蘿蔔湯

1 人份熱量：39 大卡　鹽分：0.1 公克

材料（2 人份）
- 雞胸肉…1 條
- 太白粉…1 小匙
- 白蘿蔔…4 公分
- 酒…1 大匙
- 山芹菜…適量
- 酒…1 小匙
- 胡蘿蔔…少許
- 高湯…1 杯
- 低鈉鹽…少許

做法
❶ 將雞胸肉切絲，用 1 小匙酒入味，再抹上太白粉。
❷ 胡蘿蔔切成 4 公分長的細絲，白蘿蔔先去皮，再切絲。
❸ 在高湯中加入酒 1 大匙和低鈉鹽，加入❷的胡蘿蔔，煮滾之後再加入❶，用筷子打散，煮滾後將❷的白蘿蔔加入湯裡。
❹ 將❸注入碗中，加上切成小片的山芹菜即可。

風味油菜

1 人份熱量：81 大卡　鹽分：0.4 公克

材料（2 人份）
- 油菜…1/2 棵
- 紅辣椒…1/2 條
- 芝麻油…2 小匙
- 洋蔥…1/2 顆
- 大蒜…1 瓣
- 蠔油…1 小匙

做法
❶ 將油菜根部切除，剩下的部分切成 3 公分長，用滾水川燙後瀝乾水分，在篩子中將油菜攤開。
❷ 洋蔥切碎，紅辣椒先泡水，取出籽之後切成一圈圈。大蒜搗成蒜泥。
❸ 用芝麻油慢炒❷的洋蔥，然後加上❷的紅辣椒和大蒜炒香，再加入蠔油和❶，一起拌勻即可。

薑泥油豆腐

1 人份熱量：94 大卡　鹽分：0.5 公克

材料（2 人份）
- 油豆腐…1 大塊
- 薄鹽醬油…2 小匙
- 薑泥…適量

做法
❶ 將油豆腐先用烤箱或鐵網烤過，再切成一口大小。
❷ 放上薑泥，淋上薄鹽醬油即可食用。

蔬果汁

1 人份熱量：106 大卡　鹽分：0 公克

材料（1 人份）
- 胡蘿蔔…1 根
- 番茄…1 顆
- 紅甜椒…1/2 顆
- 檸檬…1/6 顆

優格

1 人份熱量：93 大卡　鹽分：0.1 公克

材料（1 人份）
- 純優格…150 公克

1 人份總熱量 525 大卡
1 人份總鹽分量 1.3 公克
※包括半合分量的五穀雜糧米

青花魚千草燒

1 人份熱量：81 大卡　鹽分：0.7 公克

材料（2 人份）
- 胡蘿蔔…3 公分
- 薑…1 片
- 青椒…1 顆
- 金針菇…1/2 叢
- 青花魚…1 片
- 砂糖…1 小匙
- 薄鹽味噌…1 小匙
- 太白粉…1 大匙
- 黑芝麻…少許

做法
❶ 胡蘿蔔、薑、青椒剁碎，金針菇切除根部之後切成兩半，然後仔細地將金針菇分開。
❷ 青花魚去皮去骨，用攪拌機或是菜刀將肉剁碎，加上砂糖、薄鹽味噌、太白粉攪拌搓揉，搓出黏性之後加上❶和黑芝麻，再繼續搓揉拌勻。
❸ 將平底鍋加熱，放入輕輕捏成塊狀的❷煎熟即可（也可以油炸）。

豆芽高麗菜捲

1 人份熱量：60 大卡　鹽分：0.5 公克

材料（2 人份）
- 高麗菜…2 片
- 豆芽菜…100 公克
- 胡蘿蔔…3 公分
- 胡椒…少許
- 薑…1/2 片
- 青紫蘇…4 片

醬汁材料
- 薄鹽醬油…2 小匙
- 醋…2 小匙
- 砂糖…2 小匙
- 芝麻油…1 小匙
- 辣油…少許（可加可不加）

做法
❶ 高麗菜放在調理盒中，以微波爐加熱 2 分鐘，然後攤開在篩子上冷卻。
❷ 將豆芽菜放入盤中，與切碎的胡蘿蔔一同放入調理盒，用微波爐加熱 1.5 分鐘，然後攤開在篩子上冷卻，並灑上胡椒。
❸ 將❶的一半量放在竹捲片上，再放上❷的半分豆芽菜、胡蘿蔔，以及薑泥和 2 片青紫蘇，放在盤中淋上醬汁即可。剩餘的半分材料的做法相同。

蘋果涼拌白蘿蔔

1 人份熱量：28 大卡　鹽分：0 公克

材料（2 人份）
- 白蘿蔔…4 公分
- 白蘿蔔葉…少許
- 醋…2 小匙
- 低鈉鹽…1 小撮
- 砂糖…1 小匙
- 蘋果…1/4 顆
- 橘子皮…少許

做法
❶ 白蘿蔔切絲，用水輕輕洗過，再加上醋、低鈉鹽、砂糖混合攪拌。
❷ 白蘿蔔葉切成四段，用熱水燙過，再切成小片。蘋果去核之後切成扇形，橘子皮挖掉白色部分再剁碎。
❸ 在❶中加入❷的蘋果和橘子皮，再灑上白蘿蔔葉即可。

蔬果汁

1 人份熱量：112 大卡　鹽分：0 公克

材料（1 人份）
- 黃甜椒…1/2 顆
- 芹菜…1/2 根
- 鳳梨…1/6 顆
- 檸檬…1/4 顆

第二天 早餐

⊙豆腐蓋飯　　⊙紅燒蕪菁油豆腐　　⊙薑味玉米濃湯
⊙糖煮蘋果　　⊙蔬果汁　　　　　　⊙優格

1 人份總熱量 735 大卡
1 人份總鹽分量 1.6 公克

豆腐蓋飯

1 人份熱量：341 大卡　鹽分：0.5 公克

材料（2 人份）
- 嫩豆腐…200 公克
- 細蔥…1/3 支
- 薑泥…1/2 大匙
- 柴魚…1 小包
- 薄鹽醬油…2 小匙
- 發芽胚芽米…1 合

做法
❶ 把嫩豆腐、柴魚、切細的蔥、薄鹽醬油和薑泥全部拌在一起，放在煮好的發芽胚芽米飯上食用即可。

紅燒蕪菁油豆腐

1 人份熱量：91 大卡　鹽分：0.5 公克

材料（2 人份）
- 小蕪菁（帶葉子）…2～3 顆
- 油豆腐…1 塊
- 高湯…1/2 杯
- 砂糖…1/2 大匙
- 芝麻油…1 小匙
- 薄鹽醬油…2 小匙
- 酒…1/2 大匙

做法
❶ 將小蕪菁的葉子切下來，去皮後切成 6～8 塊。葉子切成 3 公分大小。
❷ 油豆腐切成條狀。
❸ 在鍋中加入芝麻油，把❶的蕪菁炒熟，再加入蕪菁葉和❷、高湯、薄鹽醬油、砂糖和酒，煮到湯汁收乾為止。

薑味玉米濃湯

1 人份熱量：61 大卡　鹽分：0.4 公克

材料（2 人份）
- 薑…1/2 片
- 水…1 杯
- 酒…2 小匙
- 胡椒…少許
- 細蔥…適量
- 芝麻油…1/2 小匙
- 雞湯粉…1/2 小匙
- 玉米醬…100 公克
- 太白粉…1 小匙

做法
❶ 把薑剁碎放入鍋中，加入芝麻油熱炒。
❷ 在水中加入雞湯粉、酒、玉米醬，再放入❶一起煮滾，撈起煮渣之後灑上胡椒。
❸ 放入加了水的太白粉稍做勾芡，再灑上細蔥即可。

糖煮蘋果

1 人份熱量：89 大卡　鹽分：0 公克

材料（4 人份）
- 紅蘋果…2 小顆
- 蜂蜜…4 大匙

做法
❶ 將蘋果洗乾淨，削皮去核，然後切成扇形。
❷ 將❶放入較大的容器中，淋上蜂蜜，再放入調理盒中，以微波爐加熱約 8 分鐘。待冷卻之後放入冰箱冷藏即可。

蔬果汁

1 人份熱量：60 大卡　鹽分：0.1 公克

材料（1 人份）
- 青江菜…1 棵
- 蘋果…1/2 顆
- 番茄…1 顆
- 檸檬…1/4 顆

優格

1 人份熱量：93 大卡　鹽分：0.1 公克

材料（1 人份）
- 純優格…150 公克
※ 也可以淋在糖煮蘋果上享用。

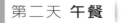

1 人份總熱量 563 大卡
1 人份總鹽分量 1.3 公克

② 胡蘿蔔切成短條狀，加水放入調理盒中用微波爐加熱 1 分鐘，然後瀝乾水分。
③ 白蒟蒻先切成短條狀，用熱水燙過，瀝乾水分再加以乾炒。
④ 豆腐用微波爐加熱 1 分鐘，去掉水分。
⑤ 將白芝麻放入攪拌機中攪拌，然後加入④和薄鹽味噌、砂糖，繼續攪拌。
⑥ 把①②③和⑤一起涼拌即可。

蔬菜年糕

1 人份熱量：223 大卡　鹽分：0.4 公克

材料（2 人份）
● 糙米年糕片…4 片　　● 白蘿蔔…3 公分
● 胡蘿蔔…3 公分　　　● 蔥…15 公分
● 薑…1 片　　　　　　● 芝麻油…1/2 大匙
● 雞湯粉…1/2 小匙　　● 胡椒…少許
● 魩仔魚…2 大匙　　　● 柴魚片…1 小包

做法
① 年糕切成兩半，厚度也切成兩半，泡在水中。
② 將白蘿蔔、胡蘿蔔、蔥切成細條，薑則剁碎。
③ 把②放入平底鍋中，淋上芝麻油，分布均勻，接著放入雞湯粉、胡椒，再將①並列放入鍋裡，灑上魩仔魚，最後蓋上蓋子悶 5～6 分鐘，等年糕軟化後灑上柴魚片即可。可視個人口味配上薄鹽醬油或果醋。

小魚拌菜

1 人份熱量：89 大卡　鹽分：0.5 公克

材料（2 人份）
● 茄子…1 根　　　　● 胡蘿蔔…3 公分
● 水…1 大匙　　　　● 白蒟蒻…50 公克
● 板豆腐…100 公克　● 白芝麻…1 大匙
● 薄鹽味噌…1/2 大匙　● 砂糖…1/2 大匙

做法
① 茄子縱向切成兩半，然後切斜片，放入調理盒中用微波爐加熱 1.5 分鐘，然後瀝乾水分。

醋拌洋菜凍

1 人份熱量：17 大卡　鹽分：0.3 公克

材料（2 人份）
● 洋菜凍…2 包（1 包 150 公克）
● 小黃瓜…1/2 根　　● 日本嫩薑…1 個
● 紫蘇…5 枚

涼拌醋
● 醋…1 大匙　　　　● 砂糖…1 小匙
● 薄鹽醬油…1 小匙　● 朧昆布…適量

做法
① 將洋菜凍放在篩子上，切成容易食用的大小。
② 小黃瓜先斜切成薄片再切碎，日本嫩薑斜切成薄片，紫蘇先縱切成三片再切絲，與嫩薑一起放在篩子上，沖水之後瀝乾水分。
③ 將①和②拌在一起，配上醋，放入碗中，再放上朧昆布即可。

蔬果汁

1 人份熱量：141 大卡　鹽分：0 公克

材料（1 人份）
● 帶葉小蕪菁…3～4 顆
● 鳳梨…1/6 顆　　　● 檸檬…1/4 顆

優格

1 人份熱量：93 大卡　鹽分：0.1 公克

材料（1 人份）
● 純優格…150 公克

1 人份總熱量 677 大卡
1 人份總鹽分量 1.3 公克
※包括半合分量的發芽糙米

青蔬香麻炒蛋

1 人份熱量：124 大卡　鹽分：0.4 公克

材料（2 人份）
● 韭菜…1/2 棵
● 豆芽菜…1/2 包
● 胡蘿蔔…3 公分
● 芝麻油…1 + 2 小匙
● 太白粉…1 小匙
● 高湯…2 大匙
● 雞蛋…1 顆
● 胡椒…少許

芥茉醬
● 芥茉（輕淡口味）…1 小匙
● 薄鹽醬油…1 小匙　● 砂糖…1/2 小匙

做法
❶ 將韭菜切成 3 公分長，豆芽菜洗過之後拔除根部，胡蘿蔔剁碎，加上 1 小匙芝麻油。
❷ 將芥茉醬的材料混合攪拌。
❸ 用大火快炒❶，再加入❷繼續炒，裝入盤中。
❹ 用高湯泡開太白粉，加入雞蛋打散，灑上胡椒，以 2 小匙芝麻油加熱平底鍋，把蛋煎成大片半熟狀態，放在❸上即可。

燉煮冬瓜雞片

1 人份熱量：110 大卡　鹽分：0.2 公克

材料（2 人份）
● 冬瓜…1/8 顆
● 雞腿肉…50 公克
● 番茄…1/2 顆
● 高湯…1/2 杯
● 酒…1 大匙
● 味醂…2 小匙
● 四季豆…8 根
● 低鈉鹽…1/5 小匙
● 水…2 小匙
● 太白粉…1 小匙

做法
❶ 冬瓜切成 3 公分小塊，放入調理盒中以微

波爐加熱 4 分鐘。
❷ 雞腿肉斜切。
❸ 番茄切成扇形，然後剝皮。
❹ 在高湯中加入酒和味醂，煮滾之後加入❷，再加入❶和切成 3 公分長的四季豆，煮5～6 分鐘。
❺ 加鹽調味，再加入❸，最後放入加了水的太白粉勾芡即可。

秋葵涼湯

1 人份熱量：102 大卡　鹽分：0.5 公克

材料（2 人份）
● 秋葵…5 條
● 番茄…1/2 顆
● 豆漿…1 杯
● 高湯…1/4 杯
● 薄鹽醬油…2 小匙　● 薑汁…1 小匙

做法
❶ 秋葵用水燙熟之後切細。
❷ 番茄剝皮之後挖掉種子，切成小丁。
❸ 在豆漿中加入高湯、薄鹽醬油、薑汁，再加入❶和❷即可。

蔬果汁

1 人份熱量：75 大卡　鹽分：0.2 公克

材料（1 人份）
● 紅茼蒿…1/2 顆
● 白菜…1 大片
● 蘋果…1/2 顆
● 檸檬…1/4 顆

1 人份總熱量 547 大卡
1 人份總鹽分量 1.6 公克

起司炒青蔬

1 人份熱量：108 大卡　鹽分：0.1 公克

材料（2 人份）
● 小番茄…6 顆　　● 南瓜…1/12 顆
● 洋蔥…1/4 顆　　● 青椒…1 顆
● 胡椒…適量　　　● 橄欖油…1/2 大匙
● 溶化的起司…適量

做法
❶ 小番茄去蒂；南瓜放入調理盒中以微波爐加熱 2 分鐘（每 100 公克加熱 1 分鐘），然後切成 1 公分厚片。洋蔥則切成薄片。青椒切成圈圈。
❷ 把❶放入大碗中，灑上胡椒，再淋上橄欖油。
❸ 淋上溶化的起司，用烤箱烤至呈金黃色即可。

高野豆腐沙拉

1 人份熱量：90 大卡　鹽分：0.3 公克

材料（2 人份）
● 高野豆腐…1 塊　　● 薄鹽醬油…1 小匙
● 酒…1 小匙　　　　● 蒜泥…少許
● 太白粉…1 大匙　　● 小黃瓜…1/2 根
● 芹菜…1/3 支　　　● 番茄…1/2 顆

甜醋
● 醋…1 大匙　　　　● 高湯…2 小匙
● 砂糖…2 小匙　　　● 薄鹽醬油…1 小匙

做法
❶ 將高野豆腐放入熱水中泡水復原，然後用雙手手掌將水分榨乾，切成小方塊。

❷ 將薄鹽醬油、酒、蒜泥攪拌均勻，加上❶按壓數次讓豆腐入味，然後瀝乾水分。
❸ 將太白粉灑在❷上，然後在小平底鍋中倒入橄欖油，高度大概 1 公分（分量以外的），將❷油炸。
❹ 把小黃瓜和芹菜切丁，番茄也切成大小相同的丁塊。
❺ 將甜醋的材料攪拌混合，加入❹，最後配上❸即可。

糙米脆片

1 人份熱量：286 大卡　鹽分：1.2 公克

材料（1 人份）
● 糙米脆片…40 公克　● 純優格…150 毫克
● 香蕉…1/2 根　　　　● 水果乾…適量
● 堅果…適量

做法
❶ 將純優格淋在糙米脆片上，再放上切片香蕉、水果乾、堅果等即可。

蔬果汁

1 人份熱量：63 大卡　鹽分：0 公克

材料（1 人份）
● 小黃瓜…2 根　　　● 哈密瓜…1/6 顆
● 芹菜…1/4 支　　　● 檸檬…1/4 顆

1 人份總熱量 852 大卡
1 人份總鹽分量 1.4 公克
※包括半合分量的發芽胚芽米

什錦勾芡蛋

1 人份熱量：161 大卡　鹽分：0.7 公克

材料（2 人份）
- 乾香菇…2 朵
- 薑…少許
- 胡蘿蔔…3 公分
- 蔥…10 公分
- 帶莢豌豆…8 個
- 雞蛋…2 顆
- 水…4 杯
- 醋…1 大匙
- 芝麻油…2 小匙

混合調味料
- 泡香菇的水…1/2 杯
- 砂糖…1 大匙
- 薄鹽醬油…2 小匙
- 醋…2 小匙
- 番茄醬…1 小匙
- 太白粉…1/2 大匙

做法
❶ 乾香菇泡水復原，切除莖幹之後剁碎。
❷ 把薑剁碎，胡蘿蔔和蔥做成 3 公分條狀。拔掉帶莢豌豆的絲，斜切成兩段。
❸ 將混合調味料所列材料攪拌均勻。
❹ 在鍋中把水煮滾，加入醋。滾開後把火關掉，準備兩個咖啡杯，各放一顆蛋，再用熱水把蛋燙成自己喜歡的熟度，接著將蛋放在篩子上瀝乾水分。
❺ 把芝麻油和❷的薑放入鍋中炒香，然後加入❶和❷的胡蘿蔔、帶莢豌豆，油炒開之後加❸做勾芡，再加入❷的蔥。
❻ 把❺淋在❹上即可。

悶燒茄子

1 人份熱量：88 大卡　鹽分：0.5 公克

材料（2 人份）
- 茄子…2 條
- 芝麻油…1 大匙
- 小辣椒…6 根
- 高湯…1/4 杯
- 味醂…1/2 大匙
- 酒…1/2 大匙
- 薄鹽醬油…2 小匙
- 薑汁…1 小匙

做法
❶ 將茄子去蒂，每 5mm 斜切一個切口，然後淋上芝麻油，放入平底鍋中，加蓋悶煮到熟為止。小辣椒也一樣切上切口，放在茄子旁邊悶煮。
❷ 在鍋中放入高湯、味醂、酒、薄鹽醬油，煮滾之後加入薑汁，再加入❶，浸入醬汁中至茄子入味即可。

椰奶南瓜

1 人份熱量：110 大卡　鹽分：0 公克

材料（2 人份）
- 南瓜…1/8 顆
- 水…1/2 杯
- 椰奶…1/2 杯
- 砂糖…1 大匙

做法
❶ 南瓜切成 1 公分厚片。
❷ 把❶放入小鍋中，加入水和椰奶，煮軟之後加入砂糖即可。

蔬果汁

1 人份熱量：115 大卡　鹽分：0.1 公克

材料（1 人份）
- 高麗菜…2 片
- 番茄…1/2 顆
- 胡蘿蔔…1 根
- 檸檬…1/4 顆

芒果優格

1 人份熱量：112 大卡　鹽分：0.1 公克

材料（1 人份）
- 純優格…150 公克
- 芒果…適量

第三天 晚餐

⊙胡蘿蔔高麗菜捲　⊙奶油蘆筍蟹肉
⊙番茄洋蔥沙拉　⊙蔬果汁　　⊙發芽胚芽米

1 人份總熱量 565 大卡
1 人份總鹽分量 1.8 公克
※ 包括半合分量的發芽胚芽飯

胡蘿蔔高麗菜捲

1 人份熱量：51 大卡　鹽分：0.9 公克

材料（2 人份）
● 高麗菜…4 片　　● 胡蘿蔔…1/2 根
● 胡椒…少許　　　● 太白粉…適量
● 水…3/4 杯　　　● 高湯粉…1/2 小匙
● 番茄醬…1 大匙

加水的太白粉
● 太白粉…1/2 小匙　● 水…1 小匙

做法
❶ 高麗菜放入調理盒中，每 100 公克以微波爐加熱 1 分鐘，軟了之後放在篩子上攤開冷卻。
❷ 將胡蘿蔔切碎。
❸ 將❶攤開，灑上胡椒與太白粉，放上❷，捲成高麗菜捲。
❹ 把❸放入鍋中，加水和高湯粉，蓋上蓋子煮 20 分鐘。
❺ 裝在盤中，將湯汁煮稠，加入番茄醬，用加水的太白粉稍微勾芡即可。

奶油蘆筍蟹肉

1 人份熱量：142 大卡　鹽分：0.5 公克

材料（2 人份）
● 綠蘆筍…1 叢（150 公克）
● 燙熟蟹肉…20 公克 ● 薑…1/2 片
● 蔥…5 公分　　　● 芝麻油…2 小匙

混合調味料
● 無糖煉乳…1/2 杯　● 酒…1 小匙
● 雞湯粉…1/2 小匙　● 砂糖…1/2 小匙

● 胡椒…少許

加水的太白粉
● 太白粉…1/3 小匙　● 水…1 小匙

做法
❶ 將綠蘆筍根部最下端切去 1 公分，剝除下方粗皮後，切成 4 公分長條。
❷ 將燙熟的蟹肉拔除軟骨後剝成小塊。
❸ 把薑剁碎，蔥先縱向對切，再切成 1 公分小段。
❹ 將混合調味料的材料攪拌均勻。
❺ 把芝麻油放入鍋中，加入❸炒香，然後再放❶炒過，接著加入❹和❷燉煮，最後用加水太白粉勾芡即可。

番茄洋蔥沙拉

1 人份熱量：27 大卡　鹽分：0.3 公克

材料（2 人份）
● 番茄…1 顆　　　● 洋蔥…1/2 小顆
● 薄鹽醬油…1 小匙 ● 檸檬汁…1 小匙

做法
❶ 番茄切成扇形後冰涼，洋蔥薄切之後水洗，然後瀝乾水分。
❷ 把洋蔥放在番茄上，淋上檸檬醬油。有柴魚片也可以灑一些。

蔬果汁

1 人份熱量：79 大卡　鹽分：0.1 公克

材料（1 人份）
● 油菜…1/2 棵　　● 白蘿蔔…3 公分
● 柳橙…1 顆
※ 柳橙汁不要用果汁機榨，用壓擠式榨汁比較好。

1 人份總熱量 748 大卡
1 人份總鹽分量 1.3 公克

地瓜飯

1 人份熱量：338 大卡　　鹽分：0 公克

材料（2 人份）
● 發芽胚芽米… 1 合（180 毫升）
● 地瓜…中顆 1/2 顆　● 黑芝麻…適量

做法
❶ 將發芽胚芽米輕輕搓鬆，泡水量普通。
❷ 地瓜連皮切成 1 公分方塊，水洗之後瀝乾，加到❶中正常炊煮。
❸ 炊熟之後輕輕攪拌，裝入碗中灑上黑芝麻即可。

什錦小菜

1 人份熱量：121 大卡　　鹽分：0.5 公克

材料（2 ～ 3 人份）
● 乾香菇…2 朵　　　● 胡蘿蔔…2 公分
● 牛蒡…5 公分　　　● 細蔥…5 ～ 6 支
● 芝麻油…2 小匙　　● 泡香菇的水…1/4 杯
● 高湯…1/2 杯　　　● 砂糖…1 小匙
● 薄鹽醬油…2 小匙　● 酒…1 大匙
● 豆渣…70 公克　　　● 柴魚片…1 小包
● 醋…2 小匙

做法
❶ 乾香菇泡水復原之後剁碎，胡蘿蔔也切碎，牛蒡切成薄片。細蔥切成 2 公分長。
❷ 將芝麻油放入鍋中，再放入❶的乾香菇、胡蘿蔔、牛蒡熱炒，然後加入泡香菇的水和高湯，以及砂糖、薄鹽醬油、酒，煮 2 ～ 3 分鐘之後加入豆渣，然後炒到湯汁收乾為止。

❸ 加上柴魚片和❶的細蔥做修飾，最後再淋上醋即可。
※ 可以整份做好之後冷藏。

辣拌菠菜鴻喜菇

1 人份熱量：27 大卡　　鹽分：0.5 公克

材料（2 人份）
● 菠菜…1/2 棵　　　● 鴻喜菇…1/2 包
● 酒…1 小匙　　　　● 辣椒粉…少許
● 薄鹽醬油…2 小匙　● 味醂…1 小匙

做法
❶ 菠菜切除根部之後用水洗，切成 3 公分長，用滾水川燙後瀝乾水分，然後將菜葉分開。
❷ 鴻喜菇分成小叢，淋上酒再放入調理盒中，用微波爐加熱 30 秒。
❸ 把辣椒粉、薄鹽醬油、味醂混在一起，再把❷連湯汁一同加入其中，最後拌上❶即可。

蔬果汁

1 人份熱量：109 大卡　　鹽分：0 公克

材料（1 人份）
● 高麗菜…4 片　　　● 芹菜…1 支
● 檸檬…1/4 顆　　　● 柳橙…1 顆

杏仁優格

1 人份熱量：153 大卡　　鹽分：0.3 公克

材料（1 人份）
● 純優格…200 公克　● 杏仁醬…2 小匙

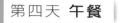

第四天 **午餐**

⊙優格烤鮭魚　⊙裙帶菜番茄沙拉　⊙高麗菜湯
⊙蔬果汁　⊙燕麥麵包

1 人份總熱量 576 大卡
1 人份總鹽分量 2.3 公克
※包括兩片燕麥麵包

優格烤鮭魚

1 人份熱量：208 大卡　鹽分：0.4 公克

材料（2 人份）
● 鮭魚…2 片
● 胡椒…少許
● 巴西里…1 大匙
● 純優格…4 大匙 + 3/4 杯
● 低鈉鹽…1/4 小匙
● 洋蔥…1/4 顆
● 太白粉…1/4 大匙

做法
❶ 將鮭魚切成一口大小，灑上鹽和胡椒，再淋上 4 大匙優格。
❷ 把 3/4 杯優格放在紙巾上，下面墊報紙，放 10 分鐘吸乾水分。
❸ 將洋蔥和巴西里大致切碎，灑上太白粉，與❷拌在一起。
❹ 把❶放在大碗中，放上❸，用烤爐烤約 10 分鐘至呈金黃色為止。

裙帶菜番茄沙拉

1 人份熱量：33 大卡　鹽分：0.6 公克

材料（2 人份）
● 泡過水的裙帶菜…50 公克
● 番茄…1 顆

沙拉醬
● 薄鹽醬油…1 小匙　● 檸檬汁…1 小匙
● 橄欖油…1 小匙

做法
❶ 將泡過水的裙帶菜切成一口大小。
❷ 番茄切成扇形，再斜切成兩半。
❸ 將❶和❷一起盛盤，淋上沙拉醬即可。

高麗菜湯

1 人份熱量：42 大卡　鹽分：0.5 公克

材料（2 人份）
● 洋蔥…1/4 顆
● 胡蘿蔔…少許
● 咖哩粉…1 小匙
● 紅酒…1 大匙
● 高麗菜…1 大片
● 橄欖油…1 小匙
● 水…2 杯
● 高湯粉…1 小匙

做法
❶ 洋蔥順著纖維垂直切成薄片，高麗菜切成 1 公分寬，胡蘿蔔切成條狀。
❷ 用橄欖油將❶炒軟，加入高麗菜和胡蘿蔔、咖哩粉，再炒一下。
❸ 加入水、紅酒、高湯粉，將蔬菜煮軟即可。

蔬果汁

1 人份熱量：160 大卡　鹽分：0.2 公克

材料（1 人份）
● 蕪菁葉…4 棵分量
● 蘋果…1/2 顆
● 檸檬…1/4 顆
● 胡蘿蔔…1 根
● 薑…1 片

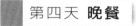

1 人份總熱量 784 大卡
1 人份總鹽分量 0.8 公克

豆腐排

1 人份熱量：134 大卡　鹽分：0.5 公克

材料（2 人份）
● 韭菜…1/2 棵（50 公克）
● 板豆腐…200 公克　● 金針菇…1 包
● 芝麻油…2 小匙

混合調味料
● 薄鹽醬油…2 小匙　● 酒…2 小匙
● 太白粉…1/3 小匙　● 柴魚片…1 小包

做法
❶ 把豆腐切成 1 公分厚片，放在紙巾上，下面墊報紙將水分吸乾。
❷ 將韭菜切成 3 公分。金針菇切除根部，分成 2 ～ 3 把。
❸ 在平底鍋中放入 1 小匙芝麻油加熱，然後放入❶，雙面煎熟、火侯透到豆腐中心之後起鍋盛盤。
❹ 在❸的平底鍋中再加 1 匙芝麻油，放入❷來炒，然後加入混合調味料入味，炒熱之後淋在豆腐上，最後灑上柴魚片即可。

紅豆南瓜

1 人份熱量：130 大卡　鹽分：0 公克

材料（2 人份）
● 南瓜…1/8 顆　　● 水…1/4 杯
● 罐頭水煮紅豆…3 大匙

做法
❶ 用湯匙挖掉南瓜籽，然後切成一口大小。
❷ 將南瓜放入調理盒中，用微波爐（600瓦）加熱 3 分鐘（每 100 公克加熱 1 分

鐘）。
❸ 在小鍋中放入水和罐頭紅豆，加入❷再煮 2 ～ 3 分鐘即可。

胡蘿蔔蕪菁沙拉

1 人份熱量：59 大卡　鹽分：0.3 公克

材料（2 人份）
● 胡蘿蔔…1/2 根　　● 蕪菁…2 ～ 3 顆

醬油佐料
● 薄鹽醬油…1 小匙　● 醋…1 小匙
● 橄欖油…1 小匙　　● 薑汁…少許

做法
❶ 胡蘿蔔去皮，隨意切成一口大小，蕪菁則是去皮之後切成 6 塊。
❷ 用水將胡蘿蔔煮得稍硬，加入蕪菁再煮一下，關火放置 2 到 3 分鐘，然後用篩子瀝乾水分。
❸ 將醬油佐料的材料攪拌均勻。
❹ 將❷裝入盤中，淋上❸即可。

蕪菁葉拌飯

1 人份熱量：289 大卡　鹽分：0 公克

材料（2 人份）
● 發芽胚芽米…1 合　● 蕪菁葉…50 公克
● 低鈉鹽…少許　　　● 胡椒…少許
● 橄欖油…1 小匙

做法
❶ 蕪菁葉用水煮過，然後切細，瀝乾水分，跟炊好的發芽胚芽米飯拌在一起，最後加上低鈉鹽、胡椒、橄欖油攪拌即可。

蔬果汁

1 人份熱量：172 大卡　鹽分：0 公克

材料（1 人份）
● 蘆筍…1 把　　　● 高麗菜…3 片
● 奇異果…1 顆　　● 蘋果…1/2 顆
● 檸檬…1/4 顆

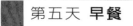

第五天 早餐

⊙生菜蛋沙拉　⊙鱈魚子馬鈴薯沙拉　⊙全麥麵包
⊙南瓜濃湯　⊙蔬果汁

1 人份總熱量 883 大卡
1 人份總鹽分量 2.8 公克
※包括 3 片全麥麵包

生菜蛋沙拉

1 人份熱量：102 大卡　鹽分：0.2 公克

材料（2 人份）
● 高麗菜…2 片　　● 胡蘿蔔…少許
● 青椒…1/2 顆　　● 橄欖油…1 小匙
● 雞蛋…2 顆　　　● 薄鹽醬油…少許

做法
❶ 將高麗菜切成 1 公分寬，胡蘿蔔切成條狀，青椒切成 1 公分寬的扇形，然後淋上橄欖油。
❷ 在容器中放入一半的❶，於容器中央打 1 顆蛋，輕輕放入調理盒中用微波爐加熱，1 人份加熱 90 秒。
❸ 淋上薄鹽醬油即可食用。

鱈魚子馬鈴薯沙拉

1 人份熱量：189 大卡　鹽分：0.9 公克

材料（2 人份）
● 馬鈴薯…2 顆　　● 低鈉鹽…少許
● 胡椒…少許　　　● 橄欖油…1 小匙
● 胡蘿蔔…2 公分　● 水…2 大匙
● 鱈魚子…1/4 塊　● 薤（蕗蕎）…2 顆
● 巴西里末…1 大匙　● 純優格…1/2 杯
● 萵苣…適量

做法
❶ 馬鈴薯洗過之後放在調理盒中，以微波爐加熱 4 分鐘（每 100 公克加熱 2 分鐘），趁熱將皮削掉，切成扇形，再添加低鈉鹽、胡椒、橄欖油。胡蘿蔔也切成扇形，加水放入調理盒中，以微波爐加熱 1 分鐘。

❷ 在鱈魚子表皮上切出刀口，以菜刀刀背挖出內容物，放入碗中，然後加入蕗蕎、巴西里末、優格、胡椒，仔細拌勻。
❸ 把❶和❷加在一起攪拌，放在萵苣葉上盛盤即可。

南瓜濃湯

1 人份熱量：162 大卡　鹽分：0.8 公克

材料（2 人份）
● 洋蔥…1/4 顆　　● 橄欖油…1 小匙
● 南瓜…1/12 顆　● 高湯粉…1/2 小匙
● 胡椒…少許　　　● 牛奶…1/2 杯
● 純優格…3/4 杯

做法
❶ 把洋蔥切成薄片放入容器中，淋上橄欖油。把南瓜籽挖掉，切成 1 公分厚片。
❷ 把❶的南瓜放在洋蔥上，灑上高湯粉，蓋上蓋子以微波爐加熱 4 分鐘。
❸ 把❷放入攪拌機或處理機中，一邊加入胡椒一邊攪拌，然後用牛奶與優格泡開即可。

蔬果汁

1 人份熱量：166 大卡　鹽分：0 公克

材料（1 人份）
● 豆瓣菜…2 把　　● 蘋果…1 顆
● 葡萄柚…1/2 顆
※葡萄柚對切成兩半，用擠檸檬器擠出汁。

1 人份總熱量 602 大卡
1 人份總鹽分量 1.5 公克
※包含半合分量的五穀飯

油豆腐青菜滷

1 人份熱量：88 大卡　　鹽分：0.5 公克

材料（2 人份）
- 乾香菇…2 朵
- 油豆腐…1/2 塊
- 胡蘿蔔…1/3 根
- 酒…2 小匙
- 高湯（含泡香菇的水）…3/4 杯
- 砂糖…1/2 大匙
- 薄鹽醬油…2 小匙
- 味醂…1 小匙
- 帶莢豌豆…10 個

做法
❶ 乾香菇泡水復原（泡香菇的水要拿來做高湯）。油豆腐將油擠乾之後，切成一口大小。
❷ 胡蘿蔔切成 5mm 厚的小片。
❸ 在高湯中加入酒、砂糖、薄鹽醬油、味醂，煮滾之後再加入❶和❷慢煮。邊煮邊加入帶莢豌豆即可。

干貝蔬菜濃湯

1 人份熱量：88 大卡　　鹽分：0.6 公克

材料（2 人份）
- 乾燥干貝…1 塊
- 熱水…1 杯
- 白蘿蔔…5 公分
- 胡蘿蔔…1/4 根
- 薑…1/2 片
- 芝麻油…1 小匙
- 水…2 杯
- 雞湯粉…1/2 小匙
- 酒…1 大匙
- 胡椒…少許
- 薄鹽醬油…少許
- 白蘿蔔葉…少許

加水太白粉
- 太白粉…2 小匙
- 水…4 小匙

做法
❶ 將乾燥干貝泡在熱水中，泡軟之後剝成小

片。泡干貝的水拿來當成湯頭。
❷ 白蘿蔔削皮之後切成 1.5 公分小丁，胡蘿蔔則切成更小一點的方塊丁；薑剁碎。
❸ 將芝麻油倒入鍋中，把❷炒過。
❹ 在❸裡面加入水、雞湯粉、酒與❶（連泡過的水一起），煮到蔬菜變軟為止。
❺ 灑上胡椒，用少許薄鹽醬油調味，再用加水太白粉勾芡即可。
※ 也可用雞腿肉或罐頭干貝取代乾燥干貝

辣白菜

1 人份熱量：63 大卡　　鹽分：0.3 公克

材料（2 人份）
- 白菜…2 片
- 蜂蜜…2 小匙
- 薑…1/2 片
- 紅辣椒…1/2 根
- 芝麻油…1 小匙

甜醋
- 醋…1 大匙
- 砂糖…1 小匙
- 薄鹽醬油…1 小匙

做法
❶ 白菜先洗過，把莖切成 5mm 寬、10 公分長的條狀，葉片隨便切，與蜂蜜一同放進保鮮袋中，隔著保鮮袋搓揉白菜與蜂蜜，然後擠出空氣，封住袋口，放到白菜變軟為止。
❷ 把薑剁碎，紅辣椒泡水，挖掉籽。
❸ 將甜醋的材料混合均勻。
❹ 在鍋中放入❷和芝麻油，炒出薑的香氣之後再加入軟化的❶繼續炒，油炒開之後加入❸，然後盛盤放涼即可。

蔬果汁

1 人份熱量：119 大卡　　鹽分：0 公克

材料（1 人份）
- 白蘿蔔…5 公分
- 蘋果…1/2 顆
- 檸檬…1/4 顆
- 橘子…一顆

第五天 晚餐

⊙萵苣通心麵　⊙普羅旺斯燉菜　⊙粉烤魷魚
⊙元氣蔬菜湯　⊙藍莓優格果凍　⊙蔬果汁

1 人份總熱量 1003 大卡
1 人份總鹽分量 1.8 公克

粉烤魷魚

1 人份熱量：160 大卡　　鹽分：0.9 公克

材料（2 人份）

● 魷魚…1 小碗　　　● 胡椒…少許
● 乾麵包粉…1/2 杯　● 起司粉…2 大匙
● 巴西里末…1 大匙　● 橄欖油…2 小匙

做法

❶ 把魷魚內臟清乾淨，用水洗過之後擦乾，切成圓圈狀再灑上胡椒。
❷ 用手將乾麵包粉壓得細碎，與起司粉、巴西里末混在一起。
❸ 將❶放在大碗中，灑上❷，再淋上橄欖油。
❹ 用烤箱烤大約 7 分鐘，烤熟即可。

萵苣通心麵

1 人份熱量：358 大卡　　鹽分：0 公克

材料（2 人份）

● 全麥通心麵條…150 公克　● 紅辣椒…1 根
● 杏鮑菇…1 支　　　　　　● 萵苣…1/2 顆
● 橄欖油…1 大匙　　　　　● 大蒜…1 瓣

做法

❶ 依照包裝指示，將全麥通心麵放入加了低鈉鹽（分量以外）的熱水中煮，邊煮邊加入杏鮑菇，最後再加上大略切過的萵苣，攪拌一下。
❷ 把薄切的大蒜和挖掉籽的紅辣椒放入橄欖油中，以中火加熱，炒香之後再把煮好的❶瀝乾水分，加入炒好的香料裡即可盛盤。

普羅旺斯燉菜

1 人份熱量：164 大卡　　鹽分：0.1 公克

材料（2 人份）

● 南瓜…1/8 顆　　● 洋蔥…1/2 小顆
● 青椒…1 顆　　　● 綠節瓜…1/2 條
● 大蒜…1/2 瓣　　● 番茄…1/2 顆
● 胡椒…少許　　　● 橄欖油…1 大匙
● 低鈉鹽…少許

做法

❶ 南瓜將籽挖掉之後切成一口大小，洋蔥切成扇形，青椒縱向對切並挖掉籽，再切成一口大小。綠節瓜切約 1 公分厚的圓片。大蒜搗成泥。
❷ 挖掉番茄的籽。
❸ 把❶放入容器中，加上胡椒和橄欖油，輕輕攪拌，放在❷上面。
❹ 放入調理盒中用微波爐加熱約 8 分鐘，剝下番茄的皮，灑上少許低鈉鹽即可。

元氣蔬菜湯

1 人份熱量：36 大卡　　鹽分：0.6 公克

材料（2 人份）

● 埃及國王菜（mulukhiya）…1/2 把
● 高湯…1.5 杯（高湯粉…1 小匙）
● 大蒜…1 瓣　　　　● 橄欖油…1 小匙
● 檸檬汁…少許

做法

❶ 把國王菜和大蒜切碎。
❷ 用橄欖油將❶的大蒜炒香，然後加高湯煮滾，再加入❶的國王菜，最後依喜好加入檸檬汁即可。

藍莓優格果凍

1 人份熱量：178 大卡　　鹽分：0.2 公克

材料（2 人份）

● 凝膠粉…1 包（5 公克）
● 藍莓果醬（低糖）…3 + 1 大匙
● 水…1/4 杯　　　　● 純優格…300 公克

做法

❶ 用水泡開凝膠粉。
❷ 用鍋子或微波爐將❶融化，加入藍莓果醬（留下一點）和純優格攪拌，然後用冰水冷卻，變得黏稠之後放入冰箱冷藏，最後淋上剩下的果醬即可。

蔬果汁

1 人份熱量：107 大卡　　鹽分：0 公克

材料（1 人份）

● 胡蘿蔔…1 根　　● 芹菜…1/2 支
● 蘋果…1/2 顆　　● 檸檬…1/4 顆

第五章

飲食合併療法治癒
癌症患者現身說法

我靠飲食治好了經常復發的卵巢癌，因大腸癌而裝上的人工肛門也關閉了

氏居蓉子
主婦・64歲

因卵巢癌轉移到乙狀結腸，而安裝人工肛門

一九九四年六月二十四日，我搭電車出門的途中，突然腹部一陣劇痛，被救護車送進了醫院。後來轉到我家附近的醫院，做了精密檢查之後，醫生對我說：

「左卵巢因爲『腫瘤』而腫脹，必須動手術切除。」

然而眞正的病名是「卵巢癌」，醫生只跟丈夫和兒子說了。

我對此毫無所知，所以一開始非常不想動手術，但是醫師對我說：

「您的腫瘤標記（罹患某種癌症相對就會在血液中增加的某種物質，可作爲診斷

癌症的指標）已經升高了，再不動手術會有危險。」

所以我只好接受手術。腫瘤標記這個詞，我還是第一次聽到，那時我的卵巢癌腫瘤標記ＣＡ１２５的檢查值高達五八〇（標準值是三五以下），ＣＡ19─9 高達六一〇，都是很嚇人的數字。

外科手術切除了我兩邊的卵巢和子宮。我本人並不知道這件事情，而且手術之後在腹部和全身都注射了抗癌劑。為了確認手術效果，還預定在三個月後進行第二次手術。

後來我才知道，第一次手術中，醫師發現癌症擴散的情況比想像中嚴重，甚至蔓延到右邊卵巢，而且腫瘤外膜已經破裂，癌細胞很可能擴散到腹部。

醫師因此認為，必須進行第二次手術來確認治療效果，但是我實在不覺得有這個必要，所以拒絕進行手術。結果我的主治醫師只好對我說：

「其實您罹患的是惡性腫瘤，也就是卵巢癌。」

等醫師講解完實際的病情，我才終於答應接受手術。

幸好醫師事先用癌症前兆的「腫瘤」的說法來說明病狀，聽到自己其實是罹患癌症時心情還算平靜，但是內心依然難以置信。我當時仔細地思考後，覺得應該先收集

資料，所以讀遍癌症相關書籍，連電視節目也不放過。

當時我滿腦子都是自己罹患癌症的事情，甚至會問當時大二的兒子說：

「你覺得媽媽還能活多久呢？」

結果，平時穩重的兒子大叫「要是沒聽到這件事就好了！」然後就躲進房間裡面去了。

沒有考慮到兒子有多難過就說出自己的心情，讓我深深反省自己的愚蠢，因此我下定決心：「往後絕對不在人前亂說話，要努力表現開朗的樣子。」

話雖如此，「每當一人獨自度過漫漫長夜，眼淚就停不下來。剛開始的三個月以來每天晚上哭到天亮，後來心情變的相當寧靜，想必是對死亡有了心理準備吧。

這之後，隔年的一九九五年二月，我接受了第二次手術，切除了骨盆內的淋巴結與大胃繫膜（從胃部往下垂，包住大腸和小腸的網狀脂肪）。

過了一星期之後，主治醫師告訴我：「我們調查了切除下來的組織，發現沒有癌細胞存在。」我聽了很開心，簡直就像要飛上天一樣。當時我真的想好好感謝世界上的一切。

後來我從書上發現癌症與飲食的關係，雖然不是很清楚，但我出院之後還是盡量

吃自己煮的東西，把砂糖換成蜂蜜等等。剛發現癌症的時候，我也有吃漢方的冬蟲夏草（一種寄生於蟲體上的菌類），也喝父親自己釀的藥酒。

接受手術之後我以為病情已經康復，連定期複檢也是過了一年之後不得不去才去做。然而很不幸地，癌症並不是那麼好應付的對手。

九年之後，也就是二〇〇四年四月，我又因為突然的腹部劇痛被送進醫院，結果診斷出腸阻塞。住院一星期，勉強可說是靠點滴治好了的。

當時我並不清楚腸阻塞與卵巢癌的關係，但是內心卻相當不安，所以三個月之後，我又回到之前接受卵巢癌手術的醫院，請醫師重新幫我檢查大腸部分。因為肛門的微量出血，一直讓我很擔心。

檢查結果是：「有顆不小的痔瘡」，我聽到是痔瘡也就安心了。

那一年，我先生轉任到美國西雅圖工作，我也一同搬到美國生活。然而，那段日子卻成了我們夫妻的惡夢。

惡夢的開端，是我到了西雅圖幾個月後，發生在二〇〇五年三月的事情；那時丈夫被診斷出肝癌，壽命只剩下半年年而已。明明就是我比較有癌症風險，醫師卻說出這樣殘酷的事實。

結果丈夫住進醫院，開始與病魔搏鬥的生活，而就在那一年的六月十三日，我上完大號突然發現自己排出大量血便（腸胃道出血，並從肛門排出），把馬桶都染紅了。經過診斷，醫師說「這不是痔瘡」，九天之後又進行更精密的檢查，結果診斷出「乙狀結腸癌」。

乙狀結腸就如字面所說的一樣，是大腸之中位於肛門前方連接直腸的乙字型的部分（或稱 S 型結腸）。當初的卵巢癌就是轉移到這個部分來了。回想當時我接受診斷結果的冷靜態度，連自己都很驚訝。前面也說過，我在罹患卵巢癌的時候已經把眼淚給哭乾了，也早已做好「人都會死。只是分先來後到而已」的心理準備。

不過比起自己，我更擔心丈夫的病情。當時我心想：「我們兩人不能一起倒下，我一定要振作才行。」

七月五日，我接受了乙狀結腸的手術。切開腹部一看，腹腔內原本卵巢的位置（腹膜）又出現了新的癌症病灶，所以就一併切除了。

「從大腸病灶的位置來看，應該不用安裝人工肛門」雖然醫師在手術前這麼說了，但是手術結束之後，我已經被裝上了人工肛門，肚臍旁邊還掛著排便袋。醫師對我說：「為了避免對病灶造成更多刺激，所以幫您裝上人工肛門，往後只要確認卵巢

癌復發病灶痊癒的話，就可以拆下人工肛門，恢復自然排便了。」

我在七月九日出院，來到丈夫所住的安寧病房（為了減輕癌症末期患者的生理痛苦與心靈不安，而進行廣泛治療與看護的場所）探望他，他對我說：

「好想跟妳一起回家啊。」

雖然我也很想帶丈夫回家，但是自己還忍著手術後的痛楚，所以只好先跟他道別說：「明天我就來接你了，再撐一個晚上吧。」

當晚我服用了止痛劑，就這樣熟睡到天亮。但是醒來之後我才知道，在我熟睡時，醫院曾經打過電話來通知，我丈夫病危了。

直到隔天早上，我才知道丈夫在昨天晚上九點就離開人世了。「早知道就該帶他回來的。」即使悔不當初，即使滿心歉意，也已經喚不回他的生命。這是我一生中最大的悔恨。

七月二十日，兒子抱著丈夫的骨灰，與我一同回到了日本。一回到家，我就像洩了氣的皮球，整個人癱在床上無法動彈。於是很快又被送到之前去過的大學附設醫院打點滴了。

比起抗癌劑治療的痛苦，恪守飲食療法根本不算什麼

後來經人介紹，我轉到了東京都立大塚醫院。那是我第一次遇見當時擔任大塚醫院副院長的濟陽高穗醫師。

當時濟陽醫師指導我進行癌症飲食療法。後來我才知道，原來我那時候的癌症病灶已經無法切除，體力也降低，根本無法進行手術或抗癌劑治療。

好不容易稍微恢復了體力，暫時出院休養，結果腫瘤標記在十月又急速上升。

十一月重新住院，進行電腦斷層攝影檢查之後，發現卵巢位置清楚照出一顆四公分大的腫瘤。

雖然體力恢復了，但是婦產科說一旦要動手術就是第四次手術，還是改用抗癌劑治療比較妥當。

另一方面，濟陽醫師對我說，要將抗癌劑投藥量減少到最低極限，「然後貫徹飲食療法。」對我來說，濟陽醫師的飲食指導，跟我以往摸索的想法一致，而且非常有道理。所以那一年十二月，結束抗癌劑治療出院之後，我便開始積極進行飲食療法

了。

我完全遵守濟陽醫師所教導的基本方針，自己也對飲食療法的內容費了不少心思。具體來說有以下幾個方面。

早上起床之後，用一顆檸檬榨汁配上礦泉水一杯，散步三十分鐘左右，然後再喝一杯蘋果汁。

主食是糙米飯、白米麥片飯，或是燕麥粥。配菜是納豆，還有白蘿蔔絲、蔥、韭菜、秋葵、茼蒿等當季的蔬菜，切碎或磨泥涼拌食用。此外，我還把柴魚、煮魚乾、乾蝦、海帶芽、青海苔、芝麻、黃豆粉、杏仁粉、冬蟲夏草粉放進攪拌機，最後加上松子和魩仔魚攪拌成特製配料，每天早上都吃三小匙。而且每天也都會喝根莖蔬菜煮成的味噌湯。

午餐吃的是加了薑、七味辣椒粉、甜蔥等等的蕎麥麵；或是在土司裡面夾了番茄、洋蔥、酪梨，只用檸檬汁調味的三明治，還有加了自製草莓果醬的優格。

晚餐是一碗糙米飯，或是白米麥片飯，配上涼豆腐、加檸檬汁的生魚片、或是沙丁魚、竹筴魚、鮭魚、蝦子、螃蟹、小魚等魚貝類，做成清淡料理。我也常常用胡蘿蔔、馬鈴薯、香菇、蒟蒻、竹筍等等材料煮成小菜來吃。

此外，我也會做低鹽海帶、嫩薑醬菜類的料理，冷藏起來，再拿來配飯吃。高湯則是用柴魚、青花魚片、炒魚卵、味醂，還有少量醬油熬成的。

另外就基本方針來說，我也很注意以下的細節。

· 每天吃薑，讓三十五℃左右的體溫上升到三十六℃（據說三十五℃是癌細胞容易增殖的溫度）。

· 肉食要避開牛肉、豬肉，雞肉一週吃一到兩次，主要攝取魚貝類。

· 蔬菜以根莖類為主，直接向農民購買新鮮的來使用。而且幾乎都用清蒸，配檸檬汁或果醋食用。

· 減少鹽巴（自然鹽）、油（橄欖油或芝麻油）的用量。

· 攝取足夠水分。魚腥草茶、紅茶、烏龍茶、綠茶、根莖菜湯、豆漿等等飲料，一天總共要喝一·五公升以上。

· 除了一個月吃兩次壽司和手工蕎麥麵之外，不吃外食。

這套飲食療法，剛開始我很懷疑自己是否能夠貫徹到底，但是比起服用抗癌劑的痛苦來說，這簡直就是小意思。我原本就不喜歡吃藥，更不用說是抗癌劑，當時還造成了嚴重的對抗癌劑過敏的體質。一吃藥就渾身發癢，難以入睡。

就因為不想再使用抗癌劑，我才會拜託濟陽醫師幫我動手術切除卵巢癌，並拆除人工肛門。原本預定在二○○七年一月進行手術，但是就在手術之前，醫師還是認為「應該用抗癌劑來治療」，而取消了手術。

「等到九月再看看吧。」濟陽醫師才對我這麼說，結果六月就不巧調職到其他醫院去了。所以我急急忙忙讓人介紹了其他公立醫院，九月總算能夠動手術了。

結果在手術前的檢查中，發現腹部腫瘤已經完全消失了。抗癌劑雖然讓腫瘤稍微縮小，但是完全消失應該是飲食療法的功勞吧。所以自然沒有必要切除腫瘤，只做了人工肛門關閉手術而已。

卵巢癌消失了，人工肛門也拆除了，我整個人都輕快了起來。

後來腫瘤標記數值維持在基準以下，總膽固醇值從最高的二七〇 mg／dl 降到二三五 mg／dl（標準值是一三〇～二一九 mg／dl）。現在大家看到我恢復精神、皮膚也變得光澤，都會說「看不出來生過那麼大一場病呢。」

我的父母目前分別是九十七歲和九十二歲高齡。現在回想起來，沒有癌症遺傳基因的我，之所以會罹患癌症，我想問題應該就出在飲食習慣上。原本我不是個喜歡吃肉的人，但是結婚之後為了配合丈夫的喜好，就常常煮肉來吃。

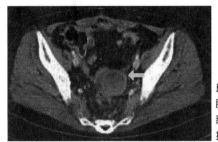

氏居女士於 2005 年 1 月所拍攝的腹腔電腦斷層攝影圖。可以看見骨盤底部有直徑 4 公分的轉移病灶（箭頭所指處）。

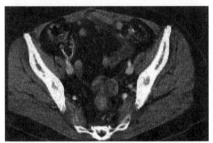

2007 年 2 月。抗癌劑和飲食療法並進，結果卵巢癌完全消失了。因此已不再需要藉助人工肛門，而接受了關閉手術。

氏居女士的腫瘤標記和淋巴球的變化

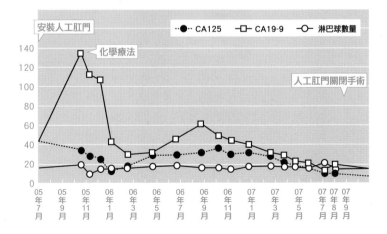

後來有幸獲得濟陽醫師的指導，自己也在飲食方面下足了工夫，如今我的飲食生活不只能夠抑制癌症，而且真的感覺身體健康大有進展。也深刻體會到不依賴藥物，攝取確實對身體有益的食物，是多麼重要的事情。

現在的我雖然不怕死亡，但是希望能靠著這樣的飲食生活，連丈夫的份一起活下去。我想，先走一步的丈夫一定會為此而感到高興，對父母來說這也是一種孝道的表現吧。

作者的話

十年前，氏居女士因為卵巢癌轉移到大腸，而在美國接受了手術。當時她還安裝了人工肛門。

回到日本之後，緣分將她帶到我的面前接受治療。

從檢查結果來看，骨盆附近的腹膜（包住腹部內臟表面的膜）上原本是卵巢的位置，有一個很大的病灶。從位置與大小來看，我認為很難進行切除手術，便進行兩次化學治療（使用抗癌劑）。

結果，病灶部分縮小了一半。這時候便開始進行正式的飲食療法。

適當地使用抗癌劑，確實發揮讓腫瘤縮小的作用。但是這種發展並不會一直持續下去。因為長期大量使用抗癌劑，會降低免疫力，結果反而容易導致癌症復發。

所以我提倡的方法，就是在免疫力不會降低的範圍內，短期使用適量抗癌劑，來抑制癌細胞，另一方面用飲食療法輔助提高免疫力。

至於抗癌劑該如何使用，投藥量多少，則要看病例來決定。不過就我的經驗來看，如果依照目前規定的投藥標準來使用，幾乎都已過量，容易導致免疫力降低。

使用抗癌劑的關鍵在於精密的「藥量控制」，從這一點可以看出醫師的能力。在醫師細心調配藥方下，飲食療法的效果才能更加發揮。

從氏居女士的例子來看，她原本就已經比一般人注意自己的飲食，所以執行飲食療法時就更順利了。患者能夠依照飲食方針，自己下工夫研究改進，我認為是非常好的事情。患者本人希望進行腫瘤切除和人工肛門關閉的手術，醫院的病例研討會雖然持反對意見，但是經過充分討論之後，還是付諸實行了。

有了良好的治療，使她的腫瘤標記恢復正常，影像診斷中也發現腫瘤縮小的事實。患者本

確認剩下的腫瘤完全消失之後，才下定決心動手術的。結果安全關閉了氏居女士的人工肛

門，她本人也非常開心。

在動手術之前，氏居女士相當抗拒使用抗癌劑。應該是發現腫瘤縮小，而且本人又藉著飲

食療法提升免疫力，才給了她這樣的自信吧。再經過醫學方面的檢討之後，我也接受了她的做

法。雖然胡亂拒絕治療不可取，但是誠懇地與主治醫師討論自己的期望卻是非常重要的。

完成乳癌切除手術的十年後，癌細胞擴散
全身，在完全不用抗癌劑下，腫瘤縮小了，
腫瘤標記也恢復正常值

茂木真希子（化名）
主婦・55歲

「不做抗癌劑治療，就會進安寧病房喔。」

二〇〇六年九月，我的醫師對我說了這樣一句話。據說是十年前動過手術的乳

「妳的癌細胞已經擴散到全身。數量多到無法進行手術了。」

癌，已經擴散到全身了。

確認的擴散部位有兩邊肺臟、肺部淋巴結、支氣管、左腎上腺、腦（腦瘤）、頭蓋骨、胸椎（脊椎的胸部段）、右肋骨、腰椎（脊椎的腰部段）等等。果真是轉移到「全身」去了。而且肺臟的轉移是「多發性轉移」，醫師說「癌細胞就像天上的星星一樣散開來」。

那一年的春天我開始咳嗽不止，所以到醫院做了胸部 X 光片檢查。當時我完全沒想到咳嗽會和十年前的乳癌有關，只是輕鬆地認為「應該是什麼呼吸道疾病」就去做檢查了。

一九九六年我被檢查出乳癌的時候，是自己用手觸摸發現硬塊，到醫院檢查出一公分腫瘤，然後接受乳房保存療法（保留乳房組織，只切除癌細胞的手術法）切除癌細胞。

之後我雖然定期接受乳房檢查，但是一直沒有發現異常，過了十年之後，我也覺得癌症應該是痊癒了。

但是做完胸部 X 光片之後，醫師介紹我去公立醫院做 CT（電腦斷層攝影）檢查、MRI（核磁共振攝影）檢查、血液檢查、支氣管內視鏡（可以直接觀察體內組

織的醫療器材）檢查、ＰＥＴ檢查（正子斷層掃描檢查：可以看出全身何處有癌細胞的檢查）等等。結果發現「癌細胞已經蔓延到全身上下了」。

在一連串檢查的過程中，我自己也感覺到大事不妙，然而檢查報告一出來，更是遠比想像的還要嚴重。

當時我的丈夫單身到東京赴任，無法馬上回到大阪老家，所以是由我的兩位朋友陪同檢查的。醫師對著大受打擊的我和兩位朋友說：

「幸好，癌細胞的增殖速度不快，所以應該把腦和頭蓋骨的治療延後，先進行抗癌劑治療。」

但是說實話，我很排斥抗癌劑。因為我曾親眼目睹我的伯母在動完乳癌手術後，原本已經恢復了健康，卻在接受抗癌劑治療過程中痛苦而死。當我對醫生說明自己不想接受抗癌劑治療時，醫生卻對我說：

「不施用抗癌劑，就會進安寧病房喔。」

當天我就先回家了。

後來接到通知趕回老家的丈夫，氣呼呼地對我說「快點聽醫生的話做化療！」

但是我還是意志堅定地說：「我不想做。」於是我與丈夫一同到醫院，與醫師再次討

論，但是雙方都堅持自己的想法。所以我要了一份治療資料，對醫生說「我要到丈夫工作的東京接受治療。」就回家去了。

雖然我賭氣說要到東京接受治療，但是卻沒想過要去哪家醫院。腦中唯一的線索，就是以前聽說過的「葛森療法」（詳情參見第一章）了。

其實一九九六年時，就在我發現乳癌的不久之前，有位朋友的父親被診斷出癌症，而且只剩下兩個月的生命，他便去了墨西哥接受葛森療法。結果他奇蹟似地恢復了健康，看到健康的他回到日本，我才知道「原來飲食有這麼重要」。

所以我接受了乳癌手術之後，便馬上買了葛森療法的相關書籍，以自己的方式飲用胡蘿蔔汁，以及食用蔬菜。但是越做就越沒勁，不過兩年我就放棄了。

這次復發後我又開始調查葛森療法的網路資料和書本，發現星野仁彥醫師曾經以葛森療法克服自己的癌症，便到他任職的健診中心掛號；但是那家中心預約都排滿了，沒辦法給星野醫師看診。我同時也看到星野醫師在書本後記中所介紹的醫聖會（推廣葛森療法給星野醫師看診。我同時也看到星野醫師在書本後記中所介紹的醫聖會（推廣葛森療法，並且透過網路販賣有機蔬菜的機構），便聯絡該機構，並得到一份資料。

在這份資料中，我發現了演講會講師濟陽高穗醫師的個人檔案。當時醫師的職稱

是「東京都立大塚醫院副院長」。公立醫院的副院長竟然會在提倡飲食療法的團體中演講，讓我非常驚訝，也非常感動。於是我下定決心「一定要找這位醫師看診」。

決定之後，我就預約參加濟陽醫師演說的醫聖會飲食講習會，然後帶著一份治療資料，與丈夫一同參加。就結果來說，十月二十九日的飲食講習會，是我的「命運轉捩點」。

在講習會上，我很失禮地「攔轎伸冤」，擠到濟陽醫師面前遞出自己的治療資料，請他幫我看一看。濟陽醫師以非常嚴肅的表情看過我的資料之後，對我說：

「明天我有看診，妳就來一趟吧。」

隔天我去了醫院，醫師這樣說了：

「不管怎麼說，還是要治療腦才行。」

於是他幫我介紹了三愛醫院的腦科，又說「我不是乳腺專門醫師」而介紹了都立大塚醫院乳腺外科的醫師給我。

經過乳腺外科醫師診斷，認為就腫瘤的性質判斷，只要靠荷爾蒙藥物就能發揮治療效果，所以決定：「不要用抗癌劑，使用荷爾蒙藥物就好了。」

原本我已覺得這裡的醫師真正值得信賴，只要是這裡開的藥，就算抗癌劑我也願

意接受，不過聽到「使用荷爾蒙藥物就好了」，也確實讓我放下心中的一塊大石頭。

之後我在三愛醫院住院兩週，接受林基弘醫師的γ雷射刀療法（以γ射線切除大腦腫瘤，不需要切開頭蓋骨的治療方法），以及接受小原琢磨醫師的開腦手術切除頭蓋骨上的癌細胞。兩位醫師都是該科的頂尖好手，能夠被引介到他們手中進行治療，讓我覺得非常幸運。他們在手術前後都會仔細說明情況，讓我能夠安心接受手術。

手術成功將出院的那一天，濟陽醫師來到我的病房，握著我的手對我說：

「辛苦了，已經沒事了。」

那雙手的溫暖讓我既開心又感恩，久久不能忘懷。

後來公司為我丈夫著想，把他調回大阪，我也開始了每兩三個月去東京複診一次，與病魔搏鬥的歲月。

不過讓我煩惱的是，癌細胞轉移到腰椎造成壓迫性骨折（脆弱的骨骼受到壓迫而碎裂骨折），讓我開始腰痛。就算我穿上護腰，神經還是不斷受到刺激，造成難以忍受的持續劇痛。這疼痛的程度，讓我在那段時間裡活得魂不附體。

用了止痛藥之後，幾個小時以內不會那麼疼，我就會趁這段時間做家事。又因為我無法自由活動，丈夫和婆婆也幫我做了不少事情。

腰不痛，也不咳了，甚至重回職場

雖然腰痛不已，但是周遭親朋好友都很支持我，所以出院之後我就開始進行徹底的飲食療法。如今我還是繼續進行這套飲食療法，主要內容如下。

用榨汁機榨胡蘿蔔汁，一天喝三次，每天四百到五百毫升。基本正餐是早中晚各一碗糙米飯，裡面加了五穀雜糧。配菜是各種蔬菜、菇類，或蒸或烤或生吃。除了直接用火來烤之外，也常用鋁箔紙烤香菇來吃。除了蔬菜之外，我也常吃豆腐和納豆。

在調味方面，我完全不使用食鹽，只用少量薄鹽醬油。有時候也會看菜色使用些許醬汁。同時也會用檸檬汁或醋，或是使用極少量的味醂，來做口味上的變化。調味料全都是從天然食材專賣店買來的。

我也聽說優格不錯，所以每天都會把優格淋在水果上當點心吃。也會用少量黑糖蒸煮紅豆，配糙米麻糬一起吃。

飲食療法進行了一年之後，我開始每個月吃二到三次白肉魚，不過基本方針依然不變。

丈夫有著廚師等級的調理技巧，每個週末都會為家人準備三餐，並為我做出充滿變化的葛森治療餐。

其中我最喜歡他為我做的一樣菜，就是用全麥麵粉加水，混入山藥、馬鈴薯、高麗菜絲，然後做成大阪燒。煎好的大阪燒不僅香氣四溢，配上少許伍斯塔醬（味道酸甜微辣，類似「梅林辣醬油」）更是別有風味。糙米飯加少許的醋，配上高野豆腐、胡蘿蔔、香菇、紫蘇、菠菜，用海苔捲成糙米壽司捲，也是我愛吃的一道好菜。

從住院到出院的幾個月裡面，我每天反覆讀著星野醫師的大作《與癌症奮戰的醫師之葛森療法》中〈靠著葛森療法戰勝癌症的證詞〉這一章，一邊聽著安德魯‧威爾（Andrew Weil）博士的《Nature Medicine》有聲書，不停告訴自己「治的好，一定治的好」。

這段期間裡最辛苦的，就是在大阪當地尋找主治醫師。每次去東京都要隔兩三個月，所以在這段期間中，想要在大阪找個能看診的醫療機構；但是老實說，沒有幾個地方肯收容癌症轉移全身的患者。

後來我拿著推薦信到了大學附設醫院，說明以往治療的來龍去脈，結果看診醫師驚訝地說：「真不敢相信，不用抗癌劑竟然可以恢復到這種地步！」

我對醫師說：「我只能從飲食著手，所以相當努力。」

結果他對我說：「像妳這種人不是『患者』，應該叫做『信徒』才對。」

這位醫師並無惡意，他在百忙之中特地為我撥出一個小時，說明「（胡亂地）進行癌症飲食療法的危險性」。他說，已經看過不少人因為隨意進行飲食療法而喪命。正因為了解，我才想接受專家指導進行飲食療法，然後半途而廢，所以能了解醫師的用意。

過去我也曾經任性進行飲食療法，可惜這家醫院並不適合，我就離開了。

因為雙方對飲食療法的看法差異甚大，如果要在這家醫院看診，想必會非常辛苦吧。

我也去過腦外科醫院，醫生對我說：

「妳的癌細胞已經擴散到全身，（與其選擇療法）不如多關心自己剩下的時間好好地生活吧。」

所以我也放棄了這家醫院。

後來我加入了理解替代療法的醫師們所組成的集會，有幸獲得其中一位醫師的診療。同時也持續與濟陽醫師互動，每個月做血液檢查，每三個月接受CT、MRI檢查，然後接受該醫師提倡的「Zometa（編注：一般稱為 Zoledronate 為雙磷酸鹽類藥物，原本用於治療骨質疏鬆等骨量減少的疾病。現今也用於乳癌骨轉移的治療，以

減緩病態性骨折及高血鈣的症狀」），轉移性骨癌治療劑的點滴注射。

托治療的福，我的腰痛一點一滴減輕，過了半年就完全不痛了。剛開始雖然還有

此麻痺的後遺症，不過現在連麻痺也消失了。回過神來，二〇〇六年讓我發現癌症的

咳嗽，也已經消失無蹤了。

由於身體變的非常健康，我在二〇〇七年七月，又重新回到耳鼻喉科診所，擔任

每週兩次的助理工作。

在二〇〇八年五月的檢查中，結果顯示「整體來說骨骼的癌細胞轉移成分減少，

骨骼開始硬化。因此不認定有骨折風險。」所謂「骨骼硬化」，可能是指原本脆弱到

會引起壓迫性骨折的骨骼，又重新變硬了吧。

肺部淋巴結轉移「有縮小傾向」，肺臟轉移「已縮小」，左腎上腺轉移也同樣「有

縮小傾向」，多發性轉移病變則是「整體上呈現縮小傾向」。

在同年十月的血液檢查中，乳癌代表性腫瘤標記「CEA」（基準值為五以下）

是三·八，CA153（基準值為三十以下）是十三，而表示免疫力的淋巴球數值曾

經低到七三八（單位：每立方公厘有一個），在檢查中也回到了一七四九。

而且更驚人的是同年十二月所接受的 PET 檢查結果。PET 檢查中癌細胞會

以黑影的方式呈現，在兩年又三個月之前，ＰＥＴ檢查報告中的黑點數量多到讓我絕望，而在這次報告中卻完全看不到一個黑影。這麼令人開心的結果，甚至讓我懷疑起自己的眼睛呢。

另一件讓我意外的事情，就是在治療癌症的飲食療程中，連我的牙周病（牙齦化膿）也治好了。我在二〇〇四年開始看牙醫的時候，幾乎所有牙齒都在鬆動，牙醫還對我說「以後可能要全部拔掉裝假牙了」，結果開始飲食療法之後，牙齒越來越穩固，如今只剩下兩三顆牙齒會搖了。連牙醫都大吃一驚呢。

前幾天我在換衣服的時候，找到了一頂黑色毛線帽，以及寫著治療經過的筆記，那頂毛線帽是女兒送給我，讓我掩飾頭部手術剃髮後的大光頭。看到這些東西讓我百感交集，那也是我發病以來，第一次嚎啕大哭。

即使罹患的是「全身的癌症」，我也從不認為自己會因此死去。應該說，在看到兒女成家之前，我絕對不能先走，即使在絕望中，仍然堅持到底。而這樣堅韌的意志力，在看到那頂手術後所戴的黑毛線帽時，就像突然卸下千斤重的包袱一樣，令我淚流不止。

醫師、家人、朋友，大家給了我言語難以形容的照顧與支持。而我能回報他們的

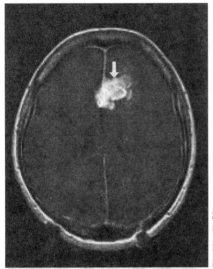

2006 年 10 月，腦部（頭頂前方）有直徑 3.5 公分的轉移腫瘤（箭頭標示的白色部分），以 γ 雷射刀進行放射線治療。

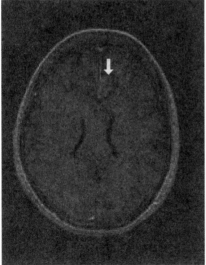

持續進行飲食療法一年半之後，2008 年 5 月的影像診斷。圖中可發現病灶有明顯縮小與改善。另外腰椎、肺臟、腎上腺的轉移腫瘤也都剩下痕跡，腫瘤標記也恢復正常了。

唯一方式，就是努力活下去。為了延續健康的生命，我會繼續小心的進行飲食療法。

作者的話

茂木女士在接受了乳癌手術之後，靠著本等資訊自己研究葛森療法，並實踐了兩年左右。後來感覺到自己恢復健康，便中止了葛森療法，結果十年之後便發現癌症擴散到全身。

從這裡可以看見獨自進行飲食療法的危險性。一邊接受醫學治療和檢查，一邊在家中進行飲食療法，當然是件好事。但是一般人通常都會忽略醫學程序，跳過專家意見就進行飲食療法，又在不知不覺中喪失動力，像這種狀況就需要注意了。請務必接受醫學檢查，根據科學檢驗數據進行飲食療法，這才是復原的關鍵。

當我第一次看到茂木女士的病例資料時，確實認為「這情況可不妙。」但是我還是考慮任何一種可能的方法，以及有效的治療。

正如現身說法的內容所述，我認為腦部腫瘤可以進行γ雷射刀療法，頭蓋骨可以進行外科手術，所以我請託各科的專門醫師進行手術。而乳腺科醫師經過詳細檢討之後，認為「荷爾蒙藥物用起來比較有效」，所以就這麼做了。

但是脊椎的情況實在不適合動手術，而且充滿癌細胞的肺部也不是外科手術能處理的。所以我認為只能用飲食療法來改善，便讓她徹底進行了飲食療法。

令人驚訝的是，開始飲食療法一年後，檢查報告顯示所有腫瘤都已縮小。而且縮小傾向依然持續下去，最後終於在ＰＥＴ檢查中消失蹤影。腫瘤標記也全都降低到標準值以內了。

癌症這種東西，無論是悲觀地認為「蔓延到全身就無藥可救」，或是樂觀認為「光動手術就會好」「光靠飲食療法就會好」，都是不正確的想法。

無論面對何種情況，都抱持著「治的好」的信念與希望，以冷靜的心下判斷，選擇療法，才是最重要的。茂木女士就是一個成功的例子。我希望大家都能夠了解，無論是多發性癌症，還是晚期癌症，都一定有治癒的可能性，千萬不要放棄治療。

另外，茂木女士的例子裡面，她本人是不希望使用抗癌劑的。雖然抗癌劑大量使用會降低免疫力，但是有時候也能夠發揮強大效果。就茂木女士的情況來說，如果暫時性地使用抗癌劑，或許結果還會更好些，但是最後不靠抗癌劑就能達到現在的狀態，也值得欣慰了。

轉移肺癌和肝癌，被醫生告知五年生存率零，
藉助飲食合併療法，腫瘤縮小了，
電腦斷層攝影已看不到腫瘤

馬場悅則（化名）
公司負責人・60歲

發現未達三期程度的直腸癌

二〇〇五年春天，我發現自己的排便比之前要細了不少。不久之後，更開始排血便。「這該不會是……」雖然心中浮現一抹不安，但是我仍安慰自己，這是痔瘡，就這樣拖了兩三個月，都沒去醫院檢查。說忙不過來是藉口，如今回想起來，應該是害怕去醫院檢查吧。

就這樣得過且過一直到七月的某一天，通勤途中突然感到腹部開始劇烈疼痛。

上廁所也沒有排便，肚子又疼痛不已。我縮在長凳上強忍住痛，猶豫著要不要叫救護車。這樣過了一小時左右，疼痛漸漸緩和下來，我就搭計程車回家，到附近的外科診所就醫。

做了血液檢查之後發現，腫瘤標記高達三十九，用內視鏡檢查腸胃之後，發現胃部乾淨且狀況良好，但是腸子卻慘不忍睹。腸內壁長滿凹凸不平的腫塊，堵住腸道，讓空間變的非常窄小。我一看螢幕，不用醫生說也知道，這是癌症。

奇妙的是，以往我害怕上醫院的心突然煙消雲散，冷靜得連自己也不敢相信，一點都沒有慌張的動作與神情。

我想原本醫生也不打算直接告訴我，但是看我這個模樣，醫師就說了：「是癌症吧。」

結果接著又道歉說：「啊，不好意思，說太快了。」

據說是比三期癌症稍早一些的直腸癌，要是再晚一點就無法挽回了。

八月，我動手術切除了二十公分的腸子。四小時的手術過程相當順利，位置又在直腸上方，所以不必裝人工肛門。手術後的病理檢查也不認為有轉移跡象，總算讓我鬆了一口氣。

然而，真正的痛苦才要開始。動完大腸手術之後，為了避免癌細胞轉移和復發，我服用了一整年的口服抗癌劑；一直到二○○六年十月，才想說可以鬆一口氣了，卻又在每個月的定期檢查中，發現癌細胞轉移到了右肺。

腫瘤直徑只有一公分，或許算是不幸中的大幸吧，結果這次動了四十分鐘的手術，從右邊腋下切開，再由肋骨之間拉出了腫瘤。

「這麼小，拿掉就沒問題了。」

雖然醫師這麼說，但是要放心還嫌太早了。

翌年，二○○七年三月，定期檢查報告中腫瘤標記開始上升了。這次是大腸癌的腫瘤標記，正常基準值要在五以下。如果是轉移腫瘤，那麼大腸以外的腫瘤標記也會提升。

由於腫瘤標記高達二十左右，所以體內一定還有哪裡也出現了癌細胞，但是普通的影像診斷怎麼樣就是看不見。因此我接受了能夠查出體內哪裡有腫瘤，精密的「ＰＥＴ」正子斷層掃描檢查。一查之下，才發現這次是轉移到肝臟去了。

而且腫瘤就在肝臟內大血管的旁邊，醫師說手術風險太大，無法以手術切除。結果我被轉到化療專科那裡，準備進行抗癌劑治療。

在接受化療時，醫師對我和妻子所做的說明，讓我們相當震驚。

我的情況是從直腸遠距離轉移到肺臟，稱為「遠隔轉移」，預後（治療的過程）情況不樂觀。因為這等於是「癌細胞進入血液中，在體內到處亂竄的狀態。」現在在肝臟發現的癌細胞轉移也是這個緣故吧。

「這種病例的五年生存率是零。」

醫師是這麼說的。也就是說在統計資料上，沒有任何人在相同狀況下能夠活過五年以上的。所以這時候能提出的方法並不是追求痊癒的「治療」，而只是盡量讓人活久一點的「延長生命處置」罷了。

走出診療室，妻子生氣的說「哪有人那樣說的！」我從發現癌症以來都不曾混亂消沉，即使是這樣，但在聽到醫師這樣說明時，依然讓我的心情跌落谷底。但是不知為何，我心裡還是有著一個信念：「人不會那麼簡單就死掉的。一定還有什麼方法才對。」

我只吃糙米、蔬菜、水果和優格

首先，我到了其他醫療機構，探訪有沒有可能切除肝臟的腫瘤，不過每家醫院都回答「位置相當敏感，不好切除」。

接著我又讓女兒上網搜尋有沒有什麼其他的方法，結果就發現了用改變飲食來治療癌症的「葛森療法」（詳情請參見第一章）。用吃東西來治療癌症，聽起來實在難以置信，但是也想不出其他方法，只好死馬當活馬醫了。我根據女兒從網路上找來的資料，從錯誤中學習，開始喝胡蘿蔔汁、蔬果汁，還有吃糙米跟蔬菜的日子。

我一方面進行剛探尋得知的葛森療法，一方面也想聽聽專家的意見，所以就去拜訪以葛森療法成功擊退體內癌症的，福島大學教授星野仁彥醫師。星野醫師在福島的健診中心對癌症患者進行飲食指導，所以我打電話預約之後，就去接受指導了。

當時，星野醫師誠摯介紹了濟陽高穗醫師給我認識。我心想，既然濟陽醫師是位外科醫師，或許會為我動肝臟腫瘤的手術吧？四個半月之後，我終於見到了當時在東京都立大塚醫院擔任副院長的濟陽醫師了。

可惜的是，濟陽醫師看法也認為這個肝臟手術相當困難，所以我只好放棄手術，

改探放射線治療，並對肝臟病灶實行直接、持續施用抗癌劑的「肝動脈注射療法」，然後合併使用飲食療法。

我住院了一個月，一邊接受放射線療法和肝動脈注射療法，一邊做飲食療法。女兒為了就近照顧我，便在醫院旁邊租了房子，每天親手為我做胡蘿蔔汁和無鹽的蔬菜料理。感謝老天，肝動脈注射療法發揮了功效，出院的時候腫瘤已經縮小不少了。

有了這個成效，我出院之後依然兩週去一次醫院接受肝動脈注射療法，並繼續進行飲食療法。主要的內容如下。

蔬果汁方面，每天早上先喝現榨的胡蘿蔔汁五百毫升；白天工作的時候，公事包裡一定會放市面上販賣的罐裝胡蘿蔔汁三罐；晚上回到家，則是用胡蘿蔔和八到十種蔬菜，榨成蔬果汁來喝。

蔬果汁的蔬菜原料會依季節而做變化，大致上是油菜、埃及國王菜、香菜、萵苣、芹菜、高麗菜等等。另外馬鈴薯雖然不是青菜，我也常常榨汁食用。

一開始我是使用一般的粉碎式果汁機，但是分量一多就容易堵住，又會浪費蔬菜的菁華，所以後來就換成壓式榨汁機了。這種機器可以強力壓榨蔬果，所以不僅是葉菜，連馬鈴薯也能輕鬆榨出汁來。剩下的殘渣分量很少，讓我感覺蔬菜的八成菁華都

被我吸收了。這部機器幾乎什麼蔬菜都能榨汁，就只有菠菜，擠出來會黏糊糊的，很

不容易飲用，所以我就不拿來榨汁。

這樣一來，我每天飲用的蔬果汁分量，就有五百毫升蔬果汁，一千三百到

一千五百毫升胡蘿蔔汁，總計一千八百到兩千毫升。

除了蔬果汁之外，用餐方面是早餐吃糙米飯糰一顆、香蕉一根，午餐就到附近的

便利商店買零脂肪優格，配上自己削的蘋果來吃。有時候也會吃全麥麵包。

晚上則是吃一碗糙米飯，清蒸各種蔬菜，沾少量果醋配著吃；或是清蒸蔬菜配亞

麻仁油，亞麻仁油快炒蔬菜等等。肚子餓的時候，我會吃有機栽種的葡萄乾、核桃、

香蕉一根。

也就是說，糙米、蔬菜、水果、優格就是我的一切，魚、肉及相關加工食品則一

概不碰。自從女兒從網路上找到葛森療法的資訊，而我決定要這麼做開始，就一直是

這樣吃的。

這份菜單需要大量且新鮮的蔬菜，所以妻子每兩天就要去買菜。我也不得不佩服

我那個在有限的材料中，還能努力求新求變的好老婆。

除了這些飲食內容之外，肝臟的放射線治療讓我食慾大減，所以住院一個月之

後，我的體重減少了不少。

發病之前，我的身高一七二公分，體重八十五公斤，動完大腸癌手術剩下七十八、七十九公斤，往後一直維持在七十七公斤左右，但是這次住院一個月，就剩下五十八公斤了。治療讓我喪失不少體力，但是出院當天晚上，我還是為了工作，從神奈川縣的家飛車趕到群馬縣的高崎市去了。

以往兩次住院，我都是邊治療邊工作，一出院馬上又回到工作崗位上。能夠休息當然對身體比較好，但是我的情況實在不允許。原本我對自己的體力就很有自信，所以還是埋頭苦幹，過著一邊工作一邊與病魔搏鬥的生活。

可惜就算我再有鬥志，一個月體重就掉了將近二十公斤，也開始出現頭暈目眩症狀，甚至還暈倒了幾次。同事還曾經對我說：「馬場兄，你看起來虛弱得跟鬼一樣呢。」

即使如此，我卻從未猶豫過是否要放棄糙米餐，重新開始吃魚吃肉。因為自從見到星野醫師和濟陽醫師以來，原本那股「飲食療法能治病嗎？」的疑慮就不復存在，而轉換為「有很多人都痊癒了。只要肯拼我也行」的信念。

我當時也期望，只要放射線治療的影響消失，食慾恢復，體重應該多少會恢復

的。果不其然，出院之後我的體重就漸漸增加回來了。因為飲食還是維持之前的糙米

餐，所以我原本以為體重大概只會回到六十公斤左右，結果站上體重計一測，體重卻

越來越增加，後來就穩定維持在七十公斤左右。這對我來說是最理想的體重，而且身

體狀況也十分良好。

至於肝癌部分，如今我還是每兩週一次到濟陽醫師那裡接受診斷與檢查。

前幾天我做了 CT 和 MRI 檢查，醫師說：

「看不見癌細胞了。」

也就是說，「至少癌細胞已經從影像上消失了。」

不過腫瘤標記依然維持在八到九的程度，所以還不能高興的太早。雖然在恢復正

常標準值之前不能放鬆，但是我依然覺得「總算讓我拼到這個地步了。」

雖然未來還無法論定，但是我認為只要持續進行目前的飲食療法，一定能夠克服

自己的癌症。

對於無法進行手術，必須一邊工作一邊與病魔搏鬥的我來說，癌症飲食療法真的

是一塊寶。當然，我要感謝家人的協助，而且只要我撐下去，就能當一個過著正常生

活的癌症患者。

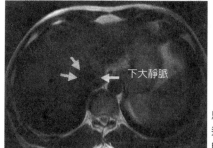

馬場先生於 2007 年 5 月拍攝的核磁造影圖。在下大靜脈左側發現了癌細胞。

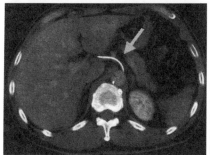

採用在肝動脈中留置導管,以便注入抗癌劑的肝動脈注射療法(箭頭所指的白色部分正是注射導管),並且同時進行放射線療法和飲食療法。此刻,影像中癌細胞已經消失了。

馬場先生的腫瘤標記變化

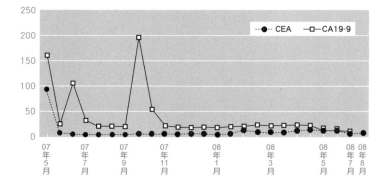

我很慶幸能夠遇見濟陽醫師。如果當時沒聽他解說許多有關癌症飲食療法的話題，我可能就不會抱持「飲食療法有效」的信念，而中途挫敗了。

星野醫師說：「癌症飲食療法最少要撐三年。」我只剩下一年半，一定要全心全意撐下去才行。

作者的話

馬場先生的病例，是動完大腸癌切除手術之後，癌細胞轉移到肺臟又進行一次手術，但是幾個月之後又轉移到肝臟；除了不斷復發之外，治療之所以難以執行，原因就在於肝臟轉移病灶的「位置」。

人體有兩條血管對肝臟注入血液，一條是肝動脈，另一條是腹部內臟血液集中的門靜脈。血液在肝臟中循環之後，就通過肝靜脈匯集到下大靜脈這條大血管中，然後流回心臟。

馬場先生的轉移腫瘤，長在血液從肝靜脈流往下大靜脈的部分。也就是肝臟的最深處。大小在三公分左右，所以想要動手術將它切除的話，就必須做好會大量出血的心理準備，是非常危險的手術。

而且馬場先生的癌症會不停復發，所以就算治好一個部分，癌細胞也很可能擴散到其他地方。在這種情況下，我不得不猶豫是否要進行侵害性如此高的手術。

所以我根據自己以往的經驗，對馬場先生推薦了「二十四小時肝動脈注射療法」。這個療法就如馬場先生筆記內容所示，直接且持續性地對肝臟病灶部分投予抗癌劑。由於集中對病灶用藥，不會讓抗癌劑流往全身，所以可以降低副作用並提高藥效。

同時，我也對馬場先生自己執行的飲食療法做了再一次的確認和指導。

由於馬場先生工作繁忙，所以重點就在於家人的協助。他的夫人遵照我所提出的營養方針，嚴格執行了飲食療法。如果沒有夫人的協助，馬場先生的飲食療法應該很難順利進行吧。

另外，蔬果汁是每天要喝的，所以果汁機的選擇尤其重要。改善癌症的大重點，就是攝取大量蔬菜水果，尤其是把蔬果汁「當水來喝」，來經常攝取植物性多酚和鉀。

後來這三動作發揮了功效，馬場先生的病情改善了不少。影像診斷中看不見癌細胞，我也認為只要再加把勁就會痊癒了。

癌症治療沒有準則，也不能隨興。飲食療法也不能盲目執行，一定要看清楚癌症狀態和身體條件，盡量使用有效而低侵略性的療法，一邊阻止癌症惡化一邊進行飲食療法，才能得到最大的效果。正如馬場先生所說，雖然未來還說不準，但是他相信自己一定能完全克服癌症。

我藉助大量攝取蔬菜、魚類爲主的飲食，

克服了攝護腺・胃・直腸・食道等

多重器官癌

望月豐・79歲

「阿拉斯加」餐廳董事長

在直腸發現乒乓球大小的惡性腫瘤

我一直對自己的健康很有自信，然而二〇〇二年底，醫師卻對我說我罹患了癌症。做健康檢查的時候，發現血液中的攝護腺腫瘤標記 PSA 數值過高，做進一步檢查之後則發現了早期的攝護腺癌。

幸好腫瘤只有針頭大小，所以隔年二〇〇三年三月，便動手術切除掉了。醫師也

說沒有轉移現象，讓我鬆了一口氣。

然而就在二○○三年底，我又被發現到直腸癌。這次跟初期攝護腺癌不一樣，直腸裡有一顆乒乓球大小的惡性腫瘤。為了謹慎起見，我做了更仔細的檢查，沒想到胃部竟然還有四個差不多大小的腫瘤，食道也有較小的腫瘤，整個檢查結果讓我嚇得說不出話來。這些癌細胞並不是轉移或復發，而是個別發作的癌症。

我的母親因為乳癌過世，在淋巴浮腫的強烈痛苦中嚥下最後一口氣。一想到母親的慘狀，我不得不擔心「自己是不是也會有一樣的下場？」這讓我意志十分消沉。

這間餐廳是我三十五歲時從父親手上接棒過來的，受到阪神・淡路大地震以及經濟不景氣的影響，經營一直不是很順利。我死了之後，員工們該何去何從呢？餐廳會怎麼樣呢？長期與病魔搏鬥正在住院的妻子呢？這些困惑在我腦中徘徊不去。

不過我原本就不是性格陰暗的人，診斷出多重器官癌之後，我想了整整一天，便下定決心：「我要做現在該做的事情。不管發生什麼事，兵來將擋，水來土掩就是了。」

「與其胡思亂想，不如放手一搏。」在經營餐廳的經歷中，讓我跨越種種困難的一句話，此刻在我心中響起。

對我來說最幸運的事情，就是因緣際會讓優秀的外科醫師，同時也非常了解飲食

療法的濟陽高穗醫師，來擔任我的主治醫師。

在發病不久前，我的餐廳才開辦了介紹健康食譜的烹飪教室。當時有幸請到擔任都立大塚醫院副院長的濟陽醫師，擔任教室課程的編修要務，所以這次也就請他爲我的腸胃手術執刀了。

如果體力不足的話，腸胃手術就必須分開進行；根據手術之前的心肺功能檢查，認爲我可以承受同時進行兩邊的手術，所以一次就將腫瘤全部切除了。

至於大腸手術，如果不順利的話，可能會讓腸子接不起來，所以也準備好了人工肛門，不過手術結束後一週我開始排氣，也就不用安裝人工肛門了。

癌症手術結束之後，我本來以爲一定要吃抗癌藥物，但是卻遲遲等不到處方箋，所以就問醫師：「難道不用吃抗癌藥物嗎？」

醫師對我說：「目前你的體力不足，與其馬上投予抗癌劑和進行放射線治療，還不如好好休息一下。」

當時醫師說：「現在你就先吃點愛表斯錠（EBIOS 含啤酒酵母）吧。」聽起來跟開玩笑沒兩樣。不過就結果來說，我的病況並沒有惡化，所以一直都沒用上抗癌劑和放射線療法。

實踐飲食合併療法一年後，食道癌就消失了

手術後的十天內只打點滴，然後從稀飯湯，慢慢恢復到三分稀飯、五分稀飯。

期間，濟陽醫師對我往後的飲食生活做了不少指導。重點是在兩個月之內極力避免攝取鹽分，並且在十個月之內禁止酒精飲料。不要吃肉，要吃大量蔬菜和少量的魚，並攝取檸檬等水果，還有優格。

由於我是開餐廳的，所以之前的飲食都以肉食為主。要說蔬菜，大概只有吃些做配菜的花椰菜或胡蘿蔔，所以大概有五十年沒有好好吃過蔬菜了。原本我就不喜歡吃蔬菜，也從不覺得生菜沙拉之類的東西有什麼好吃的。

但是現在，我更擔心癌症惡化之後的情況，所以可不能再挑食了。出院之後，便馬上開始遵照濟陽醫師的指導，開始新的飲食生活。

早上把兩大根胡蘿蔔放進果汁機，打成胡蘿蔔漿，再加入一顆量的檸檬汁和三大匙蜂蜜，每天都喝。然後就吃蘋果和葡萄柚各一顆，還有香蕉一根（一開始是把葡萄柚榨汁的，但是過了兩年，就直接削皮來吃了。）再來就是偶爾吃些抹芝麻醬的土司麵包，或是喝點咖啡牛奶。

午餐和晚餐都是吃涼拌或清蒸蔬菜、白蘿蔔泥、魚肉料理，還有飯。蔬菜會吃菠菜、油菜、茼蒿、南瓜等各個季節的多種蔬菜。魚會吃鰈魚、金目鯛、黃尾魚、青花魚、土魠魚等當季魚，基本上也都是用煮的。有時候也會吃烤鮭魚和秋刀魚。

至於鹽分，我只使用極少量的薄鹽醬油。雖然醫師說先撐兩個月，但是我後來還是繼續少碰鹽。

每天洗完澡，我會吃一百五十公克的小杯優格。此外每週會吃兩次納豆、蠶豆、毛豆等豆類。

這套飲食的主要內容，是和我認識的管家以及濟陽醫師商量過，由他們詳盡規畫出來的。

在這樣的飲食生活中，我把原本愛喝的酒也戒掉了。執行飲食療法將近十個月之後，該年十一月，濟陽醫師准我「每週可以喝一兩次的小罐啤酒」。但是我還是會提醒自己別飲酒過量，並持續進行飲食療法。

結果真的發生了難以想像的奇蹟。原本還沒動手術切除的食道癌，不知不覺間就消失了。

原本的計畫是動完腸胃手術之後，七月由其他醫師以內視鏡切除食道癌，但是因

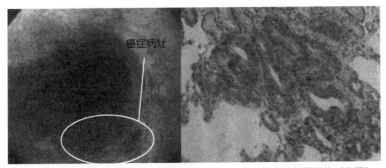

望月先生在 2004 年 2 月拍攝的食道內視鏡照片（左圖）和病理組織切片（右圖）

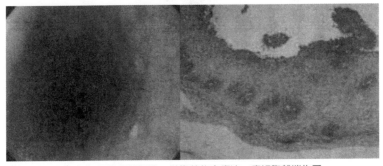

該部位於 2005 年 7 月拍攝的照片。僅靠著飲食療法，癌細胞就消失了。

為癌細胞過於擴散，所以無法廓清。後來雖然定期接受檢查以便規畫手術時機，但是開始飲食療法將近一年之後，在二○○五年一月的定期檢查中，發現食道癌已經消失了。

一想到「癌細胞不見了。不用再接受手術」，我不由得鬆了一口氣。

後來我依然遵守飲食療法的基礎方針。為了調整體質，我不再覺得不吃肉很痛苦，反而不會想去吃肉了。頂多每個月會跟客戶吃個涮涮鍋，這樣也就夠了。

飲食上大概只有喝啤酒的天數增加，每天喝一瓶三百五十毫升的罐裝啤酒而已。現在身體十分健康，每個星期天還會去打高爾夫球，只有打球的日子會喝兩大瓶啤酒吧。

除了這點之外，我仍然努力遵守飲食療法的其他部分，或許就是這樣，例行的健康檢查中才沒有發現任何癌症發作或復發的跡象吧。

另外，我每半年會到其他醫療機構接受免疫檢查，報告指出我體內一種抑制癌症的重要物質「α-干擾素」，數量明顯增加。原本只有四千到一萬左右，但是在二○○七年十一月的檢查中則達到兩萬左右。我想這也是飲食療法的成效吧。

從攝護腺癌手術結束之後，至今已經五年半，大腸與胃部手術也已經過了四年半了。我之所以還能保持如此的健康，真的要歸功於飲食療法的力量。我深深感謝自己有幸接受了濟陽醫師的指導，往後應該也會持續進行飲食療法吧。

作者的話

原本五十年內幾乎都沒吃過蔬菜的望月先生，要將飲食方針做一百八十度的大轉變，想必是非常艱辛的。但是我對望月先生說了，即使動手術切除了癌症腫瘤，如果不改善飲食，「那麼容易發生癌症的體質依然不會改變，還是很有可能復發」他才終於了解這個事實，進行飲食大革命。

望月先生的病例，除了多重器官癌之外，還留下了最初的食道癌，所以飲食療法的意義更加重大。

雖然望月先生的體力超出實際年齡，所以能夠同時進行大腸和胃部的手術，但是動完手術之後，體力依舊會降低。這時候如果馬上施用抗癌劑，或是使用放射線療法，就會有降低免疫力的危險。因此我當時判斷，即使經過半年，只要體力沒有恢復，就不該進行這些療法。

在這段期間內，我請他進行飲食療法，並觀察其病況；幸好情況非常順利，之後也沒有施行抗癌劑或放射線治療，食道癌就消失了。而且也沒有發現復發、轉移其他部位，腫瘤標記也維持在標準值內。

從結果來看，這是一個沒有接受抗癌劑或放射線治療，僅靠手術後飲食療法就自然痊癒的珍貴病例。

正如第一章介紹的資料所述，以往我指導過飲食療法的一百一十位患者中，包含情況改善的有效病例為七十一個，其中有十三個更是癌症病灶消失的「完全康復」病例。而像望月先生這樣，不靠抗癌劑和放射線治療就完全康復的，則占了其中的五個病例。

只要適當使用抗癌劑和放射線治療，確實對許多病例都能發揮效果，不過終究要看每個病例的情況，依情況調整才是。舉望月先生的例子，目的是要強調，在缺乏體力的時候不要勉強接受消耗體力的治療，還可以選擇徹底的改變飲食，以食物來激發自癒力。

此外，腸胃手術過了四年半之後，我認為望月先生的體質應該差不多完全恢復了。每個星期他會去打打高爾夫球、喝點啤酒。其中喝酒是因為他仍確實執行飲食療法，而且沒有出現復發、轉移的徵兆，所以才能喝酒的。

在病情穩定、體質恢復之前，癌症飲食療法是禁止飲酒和吃肉的。話雖如此，但是仍有希

望和望月先生一樣，過了幾年就可以一週喝一次酒。所以我也期望正在採用飲食療法的癌症患者，能夠以此為目標繼續努力。

另外，望月先生也曾與葛森療法（詳情參見第一章）基金會的紀錄片演出，並獲得廣大迴響。

【結語】

改變飲食，修復生理機制，抗癌保健康

「手術和抗癌劑可以拯救早期癌症的患者，卻救不了惡化和晚期癌症患者。到底該怎麼救他們呢？」

從我摸索這個問題的答案，並找出「吃」這個選項以來，已經過了十幾年；而正式開始對患者指導飲食療法（營養．代謝療法），也大概有十年了。

如書中所述，這段期間裡面，我經歷了許多足以顛覆醫學嘗試的驚人病例。

當然，並不是所有病例都能用飲食療法來醫治，但是原本能夠靠飲食療法這張「牌（選項）」得救的人，卻因為醫師和患者缺乏相關知識，或是沒有抓住機會，而不幸喪失生命的人，我想應該也有不少吧。

日本的醫學教科書裡面，沒有任何有關「癌症飲食療法」的章節。這樣一個大漏洞，不該以模稜兩可的資訊和知識去填補，一定要有正確的知識和資訊，才能修正往後的癌症醫療方向。

作為一個深知飲食重要性的醫師，我要用言語和文字，將自己的想法散布出去。

因此才會有本書的誕生。

本書的主題是「治療癌症的飲食」，但是飲食療法的效果並不限於抑制、改善癌症。不僅是高血壓、糖尿病、高血脂症等生活習慣病，就連風濕性關節炎、潰瘍性大腸炎、各種過敏等疑難雜症的患者，我也曾經看過他們靠著飲食療法改善症狀。甚至最近我對失智症患者進行飲食指導，也開始出現成效了。

我自己也是一個實際效果的體驗者。

各位在本書中隨處可見我實踐基礎飲食療法的痕跡，雖然沒有像癌症患者那樣嚴格執行就是了。

每天早上喝的是加了檸檬汁和蜂蜜的葡萄柚果汁，早餐則是看情況隨意搭配香菇湯或糙米粥，貝類或海帶芽、豆腐味噌湯、白蘿蔔泥、炒青菜、荷包蛋、水果等等。午餐只吃蘋果和優格。下午茶是堅果類、乾果、香蕉或芒果等等。晚餐相對比較自由，不過還是會注意避開過量的鹽分和脂肪。晚上會喝點小酒，但是不會喝醉。在家裡飲酒的時候，下酒菜大概就是毛豆、稍微醃過的蔬菜、魷魚乾、貝類、堅果等等。而且，我現在每天都是早上五點起床，晚上十點就寢。

我放棄了以往暴飲暴食、日夜顛倒的生活，轉換為現在的健康飲食生活之後，原本的慢性疲勞消失了，腳部也輕快了起來。而且不再感冒，書中也提到老花眼和白內障都與我無關。甚至連灰指甲（香港腳症狀之一）也痊癒了。

實踐星野式葛森療法的星野仁彥醫師，也是執行了半年的飲食療法之後，把香港腳治好了。甚至星野醫師的愛犬也靠著葛森餐，治好了牠的心絲蟲（寄生蟲跑進狗兒心臟裡寄生的疾病）。

只要實踐本書所提倡的飲食生活，就能調整新陳代謝，提升免疫力，也就會得到這樣的結果了。最終，連癌症都能獲得改善、控制了。

我所指導的飲食療法，以及我本身的飲食生活，其實就像繩文時代（日本上古的陶器時代）的飲食生活一樣。

根據日本全國的繩文貝塚分析結果，發現日本人的祖先在四、五千年前，吃的就是五穀雜糧、野草、山牛蒡、梅子和山桃等果實，栗子和胡桃等堅果，鮭魚和牡蠣等魚貝類。不只是日本人，北歐、法國羅亞爾河流域、加拿大等地區的早期人類，也吃著跟繩文人類似的東西。

把材料放在一起比較看看，會發現除了適量的雞蛋和乳製品之外，繩文餐和本書

所介紹的飲食療法有很多共同點。所以我也把自己推廣的飲食稱為「新繩文餐」。

現代人罹患癌症等疾病的機會越來越高，而數千年前的祖先們吃的東西卻能治療這些疾病，實在是含義深遠。所以我們不該抗拒自己體內的古人體質，應該將古早的飲食方式做現代化的調整，過著健康的飲食生活。

二十一世紀的醫療，應該會從醫師動手「治療」的型態，轉換成患者自行「痊癒」的型態吧。手術和藥物只不過是輔助手段，醫師的職責，是幫助病人痊癒才對。

為了這個目標，我想在磨練醫學技術的同時，也應該擴充有關「飲食」的知識才行。我打算將我的有生之年都貢獻在這方面上。

希望本書能夠為這股趨勢，略盡棉薄之力。

二〇〇八年　秋涼

作者筆

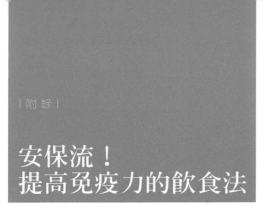

安保流！
提高免疫力的飲食法

　　根據日本免疫力權威安保徹博士的研究，成天受到壓力侵襲的現代人，容易因為一些生活習慣和飲食問題，造成身、心理機制的失衡，且多半有免疫力降低的傾向。為了維持健康，使身體不易被病毒擊垮，提升免疫力是當務之急，除了適量的運動外，飲食更是重要關鍵。（詳情請參考本社出版的《安保徹的吃出免疫力》）

安保流飲食保健要點

1. 攝取「完整食物」
2. 攝取「發酵食品」
3. 攝取「高纖食品」以活化腸道
4. 攝取「討人厭食品」刺激排泄反射
5. 攝取「溫熱性食品」提高體溫
6. 攝取適量水分
7. 配合年齡選擇食物
8. 不要神經質，輕鬆飲食

可提升免疫力的食物

　　如果你感到身體不夠健康……請從下面的食品組合中，為自己和家人設計健康美味的食譜吧。提供身心健康活力，馬上見效！

> **完整食品**：可以有效攝取各種營養素。
> 糙米／發芽糙米／麥／雜糧／魚（竹筴魚、青花魚、柳葉魚、蝦鯱魚、小魚乾、魩仔魚、沙丁魚等）／小蝦（櫻花蝦、河蝦、磷蝦等）／豆類（大豆、毛豆、蠶豆、四季豆、豌豆、紅豆等）／芝麻／芝麻醬……等。

發酵食品：直接食用完整生菌，增加活力。

醃菜（米糠醃菜、泡菜、酸菜、白蘿蔔米麴醃、酒糟醃菜、德國泡菜等）／各種優格／味噌／納豆……等。

高維食品：促進腸道蠕動，調節自律神經平衡。

菇類（香菇、鴻喜菇、杏鮑菇、金針菇、滑菇、蘑菇等）／海藻（裙帶菜、海帶、海苔、羊栖菜、海藻等）／蔬菜（埃及國王菜、秋葵、牛蒡、高麗菜苗、花椰菜等）……等。

討人厭食品：「點到為止」「少量」才算適當。
　　　　　　吃太多會有反效果。

酸的食物（醋、酸梅乾、梅子醋、柑橘類果汁等）／辣的食物（薑、山葵、大蒜、蔥、白蘿蔔、芥末、胡椒、辣椒等）／苦的食物（苦瓜、青椒、紫蘇、薑黃等）……等。

討溫暖性食品：中醫上屬於「熱性」「溫性」，可以溫暖身體的食物。

糯米／大麥／羊肉／牛肉／蝦子／白帶魚／烏賊／大蒜／薑／蔥／蕗蕎／韭菜／紫蘇／嫩薑／辣椒／山椒／胡椒／肉桂／八角／丁香／茴香／栗子／核桃／梅子／桃子／櫻桃／石榴／黑糖／醋……等。

各種營養素依年齡別上限攝取量表

　　補足身體所需的各種營養素，最好是從新鮮的食物中直接攝取，但必要時也可適當選擇營養補充劑。選用時要依年齡注意劑量上限，多吃對身體健康並無益處。

營養素 單位 年齡	鈣 毫克 (mg)	磷 毫克 (mg)	鎂 毫克 (mg)	碘 微克 (μg)	鐵 毫克 (mg)	硒 微克 (μg)	氟 毫克 (mg)	維生素A 微克 (μg)	維生素C 毫克 (mg)	維生素D 微克 (μg)	維生素E 毫克 (mg)	維生素B6 微克 (μg)	葉酸 微克 (μg)	膽素 公克 (g)	菸鹼素 毫克 (NE)
0月~					35	35	0.7	600		25					
3月~					35	50	0.7	600		25					
6月~					35	60	0.9	600		25					
9月~					35	65	0.9	600		25					
1歲~	2500	3000	145	200	35	90	1.3	600	400	50	200	30	300	1	10
4歲~	2500	3000	230	300	35	135	2	900	650	50	300	40	400	1	15
7歲~	2500	3000	275	400	35	185	3	1700	1200	50	600	60	500	2	20
10歲~	2500	4000	580	600	40	280	10	2800	1800	50	800	80	700	2	25
13歲~	2500	4000	700	800	40	360	10	3000	2000	50	1000	80	800	3	30
16歲~	2500	4000	700	1000	40	400	10	3000	2000	50	1000	80	900	3.5	35
19歲~	2500	4000	700	1000	40	400	10	3000	2000	50	1000	80	1000	3.5	35
31歲~	2500	4000	700	1000	40	400	10	3000	2000	50	1000	80	1000	3.5	35
51歲~	2500	4000	700	1000	40	400	10	3000	2000	50	1000	80	1000	3.5	35
71歲~	2500	3000	700	1000	40	400	10	3000	2000	50	1000	80	1000	3.5	35
懷孕第一期	2500	4000	700	1000	40	400	10	3000	2000	50	1000	80	1000	3.5	35
第二期	2500	4000	700	1000	40	400	10	3000	2000	50	1000	80	1000	3.5	35
第三期	2500	4000	700	1000	40	400	10	3000	2000	50	1000	80	1000	3.5	35
哺乳期	2500	4000	700	1000	40	400	10	3000	2000	50	1000	80	1000	3.5	35

資料來源：行政院衛生署食品資訊網 (http://food.doh.gov.tw)

台灣癌症相關團體一覽

機構名稱	服務項目	服務電話	網址
中華民國癌症希望協會	*提供癌症教育出版品 *醫療諮詢服務 *心理諮商服務 *資源轉介服務 *病友成長團體 *康復用品服務 *假髮、帽子、頭巾、義乳、胸衣等服務	0809-010-580	www.ecancer.org.tw
中華民國防癌協會	*成立中華民國防癌篩檢中心 *結直腸癌篩檢 *贈閱衛教資料 *舉辦癌症講座、諮詢服務 *成立多發性癌肉病友會	02-2703-1511	www.ccst.org.tw
中華民國婦癌基金會	*義診─基金會內設立診察台，可至會內做抹片篩檢 *子宮頸癌防治宣導活動 *出版衛教文宣	02-2545-0138	www.fcf.wingnet.com.tw
中華民國癌友新生命協會	*讀書會、心靈繪畫、拼布、團體輔導、宇愛手班、旋轉氣功班、心靈成長班	02-2695-5598	www.love-newlife.org.tw
台灣癌症資訊全人關懷協會	*提供網路癌症資訊	02-2545-3105	www.totalcare.org.tw
台灣癌症臨床研究發展基金會	*提供癌症教育出版品 *醫療諮詢服務 *舉辦防癌講座 *舉辦學術交流活動	02-2875-7629	www.tccf.org.tw
台灣癌症基金會	*諮詢服務 *舉辦防癌宣導活動	02-8712-5598	www.canceraway.org.tw
陶聲洋防癌基金會	*贈閱防癌書刊、雜誌及手冊 *舉辦社區防癌演講 *防癌服務專線 *癌症篩檢	02-2363-1536	www.sydao.org.tw

機構名稱	服務項目	服務電話	網址
咱e厝全國癌症病友服務中心	＊衛教刊物索取 ＊圖書借閱 ＊健康諮詢 ＊心理諮詢 ＊轉介諮詢 ＊病友團體活動 ＊志工關懷 ＊居家訪視 ＊病友個案管理 ＊康復用品服務 ＊衛教宣導活動	0809-025-123	www2.cch.org.tw/ourhome
德桃癌症關懷文教基金會	＊提供癌症衛教資料	0800-011-002	www.cancer.org.tw
康泰醫療基金會	＊乳癌防治組 ＊安寧療護組	02-2365-7780	ww.kungtai.org.tw
肝病防治學術基金會	＊肝炎篩檢 ＊肝病諮詢專線 ＊提供肝病衛教資料 ＊獎勵學術研究	02-2382-5234	www.liver.org.tw
乳癌防治基金會	＊乳癌篩檢(有篩檢車) ＊設立乳癌諮詢專線 ＊提供乳癌衛教資料 ＊舉辦乳癌宣導活動 ＊舉辦乳癌講座	02-2392-4115	www.breastcf.org.tw
乳癌學術研究基金會	＊提供乳癌衛教資料 ＊舉辦乳癌講座 ＊舉辦學術交流活動	0800-234-885	www.breast.org.tw
中華民國乳癌病友協會	＊協助乳癌病友團體成立及運作 ＊推動乳癌病友與相關機構團體間之聯繫、合作 ＊建立乳癌相關服務資訊網路 ＊推動乳癌防治議題，倡導及研究發展 ＊參與國際間乳癌相關活動，促進國際交流	02-2557-8050	nbca.womenweb.org.tw

機構名稱	服務項目	服務電話	網址
台中開懷協會	＊提供乳癌衛教資料 ＊乳癌諮詢 ＊心理諮詢 ＊轉介諮詢 ＊病友團體活動 ＊志工關懷 ＊居家訪視	04-2462-5990	www.tchappy. org.tw
中華民國福爾摩沙 乳房重建協會	＊促進病友情感交流 ＊提供乳房缺損病友乳房 　重建的知識技術與經驗 ＊提供乳癌重建資訊 ＊乳癌宣導活動	03-3281200 轉2172 或3643	www.nicebreast. com.tw
中華民國兒童癌症基 金會	＊出版季刊、衛教手冊 ＊協助兒童癌症護理人員 　及社工人員之教育訓練 ＊提供醫療費用及藥物之 　補助 ＊建立兒童癌症之發生 　率、治療成效及分布地 　區等資料 ＊舉辦病童及家屬聯誼活 　動，並輔導病童就學及 　就業問題	02-2331-9953	www.ccf.wingnet. com.tw
中華民國安寧癌症末 期照顧基金會	＊協助各大醫院設立安寧 　病房 ＊推廣居家安寧療護工作 ＊舉辦安寧療護相關課程 ＊贊助醫師及護理人員、 　社工出國進修	0800-008-520	www.hospice. org.tw
佛教蓮花臨終關懷基 金會	＊協助各大醫院設立安寧 　病房 ＊推廣居家安寧療護工作 ＊舉辦死亡教育與安寧療 　護相關課程 ＊悲傷諮商與輔導 ＊培訓志工人員 ＊籌設蓮花醫院	02-2596-1212	www.lotushcf. org.tw

http://www.booklife.com.tw　　　　　inquiries@mail.eurasian.com.tw

Happy Body　088

這樣做，讓癌症消失──日本外科名醫的飲食合併療法

作　　者／濟陽高穗
譯　　者／歐凱寧
發 行 人／簡志忠
出 版 者／如何出版社有限公司
地　　址／台北市南京東路四段50號6樓之1
電　　話／（02）2579-6600・2579-8800・2570-3939
傳　　真／（02）2579-0338・2577-3220・2570-3636
郵撥帳號／ 19423086　如何出版社有限公司
總 編 輯／陳秋月
主　　編／林振宏
責任編輯／張雅慧
美術編輯／劉嘉慧
行銷企畫／吳幸芳・周羿辰・王輅鈞
印務統籌／林永潔
監　　印／高榮祥
校　　對／王康裕・張雅慧
排　　版／陳采淇
經 銷 商／叩應有限公司
法律顧問／圓神出版事業機構法律顧問　蕭雄淋律師
印　　刷／祥峰印刷廠
2009年8月　初版
2010年10月　20刷

IMA ARU GAN GA KIETEIKU SHOKUJI
© TAKAHO WATAYOU 2008
Originally published in Japan in 2008 by MAKINO SHUPPAN.
Chinese translation rights arranged through TOHAN CORPORATION, TOKYO.
Chinese translation copyright © 2009 by Solutions Publishing.
(an imprint of the Eurasian Publishing Group)
All Right Reserved.

有了正確的知識，卻不付諸行動，完全沒有意義。
吃正確的食物、養成好的生活習慣、多喝好水、充分休息、
適度運動、時時保持幸福愉悅。
擁抱不生病的生活，隨時開始，永不嫌遲。

——《不生病的生活》

想擁有圓神、方智、先覺、究竟、如何的閱讀魔力：

◼ 請至鄰近各大書店洽詢選購。

◼ 圓神書活網，24小時訂購服務
免費加入會員．享有優惠折扣：www.booklife.com.tw

◼ 郵政劃撥訂購：
服務專線：02-25798800　讀者服務部
郵撥帳號及戶名：19423086　如何出版社有限公司

國家圖書館出版品預行編目資料

這樣做，讓癌症消失──日本外科名醫的飲食合併療法
／濟陽高穗作；歐凱寧 譯；
-- 初版 -- 臺北市：如何，2009.08
240 面；15×21公分 --（Happy Body；88）

ISBN 978-986-136-219-9（平裝）

1. 癌症　2.健康飲食　3.食療

417.8　　　　　　　　　　　　　98010398